HEYNE
BÜCHER

Das Buch.
Auf einer Fotoexpedition im Dschungel Nord-Australiens erreicht Frank Hurley die Nachricht, dass er als offizieller Fotograf für die von Sir Ernest Shackleton geplante Antarktis-Expedition ausersehen sei. 1914 besteigt er in Buenos Aires das Expeditionsschiff *Endurance*, das durch das schlimmste Packeis seit Menschengedenken Richtung Süden dampft. An Bord ist nicht nur die Schiffskatze Miss Chippy, sondern es reisen auch 69 Schlittenhunde mit, denn es ist das Ziel der Expedition, als erste Menschen die Antarktis zu durchqueren. Doch 80 Meilen vor dem Ziel wird das Schiff im Winter 1915 vom Eis eingeschlossen. Hurley und seine 27 Mitstreiter machen mit den Schlitten lange Ausflüge aufs Eis und hoffen, dass das Schiff im Frühjahr wieder freikommt. Als das Eis allmählich aufbricht, schieben sich jedoch die Schollen so heftig gegen die *Endurance*, dass das Schiff schließlich zerdrückt wird. Fünf Monate lang triftet die Mannschaft auf Eisschollen mit einem Tempo von fünf Meilen am Tag in Richtung Nordwesten, ehe sie das offene Meer erreichen. In drei kleinen Booten gelangen die Männer schließlich an die Küste von Elephant Island, wo sie ihr Lager aufbauen. Shackleton bricht mit fünf Männern im größten der Boote in Richtung South Georgia auf, die anderen – unter ihnen Hurley – bleiben in der Bucht und ernähren sich von Seehund- und Pinguinfleisch und den wenigen noch verbliebenen Vorräten. Erst im August 1916 werden die Männer gerettet.

Der Autor
Der Australier James Francis ›Frank‹ Hurley, geboren 1886, hatte 1911 bis 1914 bereits Dr. Douglas Mawson auf dessen Expedition in die Antarktis begleitet. In Shackletons Mannschaft galt er als einer der ausdauerndsten Teilnehmer. Nach der Rückkehr wurde er in Australien zum ›Staatsfotografen‹ ernannt. Im Ersten Weltkrieg fotografierte er die Kämpfe in Ypern, später nahm er an Expeditionen nach Papua Neuguinea und nach Tasmanien teil, während des Zweiten Weltkriegs sandte man ihn nach Palästina. In den fünfziger Jahren veröffentlichte Hurley zahlreiche Fotobände. Er war mit einer Opernsängerin verheiratet und hatte drei Kinder. Frank Hurley starb 1962.

Frank Hurley

Die Fahrt der Endurance

Mit Shackleton in die Antarktis

Aus dem Englischen
von Ruth Sander

WILHELM HEYNE VERLAG
MÜNCHEN

HEYNE ALLGEMEINE REIHE
Nr. 01/13188

Die Originalausgabe
SHACKLETON'S ARGONAUTS
erschien 1948 in Australien by
Angus&Robertson Publishers

Umwelthinweis:
Das Buch wurde auf
chlor- und säurefreiem Papier gedruckt.

Deutsche Erstausgabe 7/2000

This German edition published by arrangement
with HarperCollins Publishers Pty Ltd
Printed in Germany 2000
Umschlaggestaltung: Nele Schütz Design, München
Bildnachweis: Bis auf die erste Abbildung des Bildteils
stammen alle Aufnahmen von Frank Hurley.
Satz: Pinkuin Satz und Datentechnik, Berlin
Druck und Bindung: Ebner Ulm

ISBN 3-453-17426-7

http://www.heyne.de

Inhalt

SÜDAMERIKA
PUNTA ARENAS
KAP HORN
ELEFANTE
Letzte Rettung
Bootsreise zur Elefanteninsel
Drift auf dem Packeis
WEDD
Hier sinkt die
zermalmte ENDURANCE
Drift des
Schiffes
GRAHAM-LAND

Route von
uenos Aires
SÜDGEORGIEN
GRYTVIKEN
NSEL
750 Meilen
hackletons Bootsreise,
um Hilfe zu holen
ELL-MEER
Kurs des Schiffes
durch das Packeis
COATS-LAND
ier friert die ENDURANCE ein

Die Geschichte der Bilder

*E*chten Sportsgeist bewies eine Gruppe treuer Anhänger, die im zweifelhaften Tausch gegen die Rechte an den Bildern eine große Summe Geldes zur Finanzierung der Expedition beisteuerte.

Wenn alles klappte und wir unsere Pläne verwirklichen konnten, hatten sie eine 50-prozentige Chance, ihr Geld zurückzubekommen: scheiterten wir, hing die Rettung der Situation zum großen Teil von Einsatz und Erfindungsreichtum des offiziellen Fotografen ab.

Die erstaunlichen Abenteuer, die auf die Zerstörung unseres Schiffes folgten, boten einen großartigen Rahmen für eine bildliche Interpretation, aber die Umstände brachten die Mannschaft in eine so verzweifelte Lage, dass das Hauptproblem des Expeditionsfotografen darin bestand, die fotografischen Zeugnisse zu retten.

Wasserdicht verpackt, lagerten viele der Negative vierzehn Tage lang unter breiigem Eis tief im Bauch des Schiffes. Nachdem man sie durch gefährliche Tauchmanöver gerettet hatte, überstanden sie die Gefahren einer sechsmonatigen Drift auf einer Eisscholle.

Während der Bootsreise, als entschieden werden musste, ob Proviant oder Negative über Bord gehen sollten, überlebten die Negative. Auf der Elefanteninsel waren diese Negative, viele noch unentwickelt, fünf Monate unter Schneewehen begraben, bis sie, praktisch als einzige Belege, zusammen mit der Mannschaft gerettet wurden.

Die Filme und Fotografien gingen um die ganze Welt. Ich freue mich, sagen zu können, dass sie nicht nur Millionen von Betrachtern faszinierten, sondern auch so viel einbrachten, dass die ›echten Sportsmänner‹ bezahlt und ein Großteil der finanziellen Verpflichtungen der Expedition eingelöst werden konnte.

Frank Hurley

1 *Ouvertüre zum Abenteuer*

Doch die Erfahrung ist ein Bogen in mir,
durch dessen Tor die unbereiste Welt
*herglänzt, und, wenn ich nahe, stets erbleicht.**

TENNYSON

*D*as stakkatoartige ›klick-klick, klack-klack … klick-klick, klack-klack‹ des Bumerang-Orchesters endete mit einer *Roulade*, als die Korrobori-Tänzer, von Kopf bis Fuß geschmückt, auseinander gingen, um das Abendessen vorzubereiten. Francis Birtles begann die Kameras wegzuräumen, und ich machte die üblichen Tagebucheintragungen über das ›Shooting‹ des Tages.

Wir waren in dieses abgelegene Dschungeldorf an den Ufern des Carpentaria-Golfes in Nordaustralien gekommen, um einen Film über primitiv lebende Aborigines zu drehen und hatten gerade die Schlussszene ›geschossen‹. Während ich noch schrieb, begann unsere Bulldogge Wowser zu knurren und an der Kette zu zerren. Aus dem Unterholz tauchte ein halb nackter

---

* Übers. v. A. Strodtmann, aus: Tennyson, Lord Alfred. Ausgewählte Dichtungen. Leipzig, o. J. – A. d. Ü.

Aborigine auf, in der Hand einen kurzen Stock mit einem gespaltenen Ende, in dem ein Brief klemmte. Dieser unerwartete Besucher überraschte mich. Ich schaute ihn fragend an, da erkannte ich die breiten, freundlichen Gesichtszüge von Jacky, einem Fährtensucher der Polizeistation in Burketown. In der *lingua franca* Nordaustraliens sagte er: »Boss, Jacky bringen Nachricht für großen weißen Mann.« Ich zog den Brief aus dem Stock, es handelte sich um ein Telegramm aus London. Ich öffnete es, stellte fest, dass es von Sir Ernest Shackleton kam und konnte beim Durchlesen nur noch unartikulierte Laute von mir geben. Er bot mir den Posten des offiziellen Fotografen bei seiner Antarktisexpedition an, die bald von London aus starten sollte. Ich hüpfte und schrie vor Freude. Birtles teilte meine Begeisterung. Jacky schaute sich das an und hatte offenbar das Gefühl, dass die Zauberworte des weißen Mannes nach einem Tanz verlangten; selbstverständlich machte er da mit. Bald gaben sich all unsere ›Künstler‹ einem pantomimischen Freudentaumel hin, der bis tief in die Nacht hinein dauerte.

Die Aufregung, die Hitze, die lästigen Moskitoschwärme und die Gedanken, die mir immer wieder durch den Kopf gingen, ließen mich nicht schlafen. Ich dachte lange darüber nach, welch seltsame Wendung des Schicksals Sir Ernest bewogen hatte, gerade mich für eine so bedeutungsvolle Aufgabe auszuwählen. Erst ein paar Monate später erfuhr ich des Rätsels Lösung. Da Sir Ernest zur Finanzierung seiner Expedition noch

25 000 Pfund fehlten, wurde ihm diese Summe von einem einflussreichen Syndikat in Aussicht gestellt, vorausgesetzt, er würde sich der Dienste des kürzlich zurückgekehrten Kameramannes der Mawson-Expedition versichern. Als ich mit Sir Douglas Mawson im Süden war, drehte ich tatsächlich einen ungewöhnlichen Kinofilm, der weltweit Aufsehen erregte; doch stellte so ein Film einen recht zweifelhaften Gegenwert für eine solch große Summe dar, und ich war fest entschlossen, den Männern mit dem echten Sportsgeist zu beweisen, dass sie bei diesem Spiel nicht auf eine Niete gesetzt hatten. Aber davon ahnte ich noch nichts, als ich in der rosigen Morgendämmerung der Golfküste endlich eindöste.

Bei warmem Sonnenschein erwachte ich aus einem Albtraum. Birtles spielte mir wieder einen seiner Streiche. Meine Hängematte, die zum Schutz vor Ameisen zwischen zwei Bäumen aufgehängt war, schaukelte wild hin und her. Ist es da verwunderlich, dass mir träumte, ich sei ein Schiffbrüchiger auf einer Eisscholle im wogenden Meer? Es war ein prophetischer Traum.

Zum Frühstück gab es Fisch, der nach Art der Aborigines in einem Lehmumschlag gebacken worden war, und dann packten wir den Wagen für die Rückreise über Burketown.

Ich hatte nicht die leiseste Ahnung, was Shackletons Angebot beinhaltete oder wohin genau er wollte, doch war der große Entdecker schon seit langem mein Held, und ich wäre ihm in jedes Abenteuer gefolgt. Im Telegramm hatte er mir vorgeschlagen, in fünf Wochen in Buenos Aires an Bord des Expeditionsschiffes zu gehen. Das bedeutete schnellstmögliche Rückfahrt nach Sydney, 2500 Kilometer über schlechte Straßen, und eine Schiffsreise um die halbe Welt. Konnte ich es rechtzeitig schaffen? Von Burketown aus schickte ich ein Telegramm, das mein Kommen ankündigte.

Die lange, beschwerliche Reise nach Buenos Aires ist für meine Geschichte nicht von Belang. Zwei Tage nachdem Shackletons *Endurance* am Kai festgemacht hatte, traf ich jedenfalls in Buenos Aires ein und brachte meine Sachen auf das Expeditionsschiff. Der Leiter war an Bord. Er stand auf dem Achterdeck und musterte die anmutigen Linien der Schonerbark mit der aufrichtigen Bewunderung des Seemannes für die Schönheit eines gut gebauten Schiffes. Außerdem war dies sein Flaggschiff, das Schiff, in dem er und seine ›Argonauten‹ die rauesten Meere der Welt bezwingen und den Kampf gegen das unnachgiebige Packeis gewinnen wollten.

Sir Ernest Shackletons Begrüßung und sein warmer Händedruck gaben mir das Gefühl, willkommen und eine wichtige Ergänzung seines Teams zu sein. Er entsprach allen vorgefertigten Meinungen und Vorstellungen, die man sich von einem verehrten Helden macht. Rein äußerlich war er einen halben Kopf kleiner als Sir Douglas Mawson und hatte auch in vielen anderen Dingen nur wenig Ähnlichkeit mit meinem vorherigen Expeditionsleiter. Sein markantes Gesicht mit dem eckigen Kinn, der auffallenden Nase und den breiten Brauen stand in scharfem Kontrast zu den fein gemeißelten Zügen des Australiers, dessen Gesicht durch die hohe Stirn und das längliche Kinn schmal und hager wirkte; doch einige Charakterzüge hatten sie gemeinsam. Beide besaßen den furchtlosen, unbezwingbaren Willen des geborenen Führers. Beide waren starke Männer, körperlich und geistig, gute Organisatoren und daran gewöhnt, ihren Kopf durchzusetzen. Shackleton plante großzügig und ließ, was die Bequemlichkeit und Sicherheit seiner Männer anbetraf, größte Sorgfalt walten, übertrug die Verantwortung für die Ausführung der Einzelheiten jedoch auf andere. Mawson dachte ebenfalls weit voraus, aber er arbeitete alles bis ins Kleinste aus und war geradezu pedantisch.

Shackleton war ein Entdecker des Typs, der aus reiner Abenteuerlust den Union Jack über unerforschte Meere trägt und im Herzen eines unbekannten Landes aufpflanzt. Mawson war zuallererst Wissenschaftler, aber, nicht zufrieden damit, die Informationen auszuwerten, die herumstreunende Abenteurer aus fremden Ländern mitbrachten, hatte er sich aufgemacht, sie selber zu sammeln. Shackleton pfropfte der Erforschung die Wissenschaft auf; Mawson fügte das Erforschen der Wissenschaft hinzu.

Frank Wild, mein alter Kamerad von der Mawson-Expedition, war der stellvertretende Expeditionsleiter, und von ihm berichte ich voller Bewunderung. Da er mehr Erfahrung in der Antarktis hatte als irgendein anderer lebender Mensch, war er eine starke Stütze für seinen Vorgesetzten und ein tüchtiger Ersatzmann, als ihm die Verantwortung für die Leitung zufiel. Wild war zwar nicht groß, aber an Mut, Ausdauer und Loyalität konnte es so leicht keiner mit ihm aufnehmen.

Mein erster Eindruck von den Männern, mit denen ich für die Dauer der Expedition eng zusammenleben sollte, war gut. Es handelte sich um einen Trupp intelligenter und kräftiger junger Burschen, meist aus Oxford und Cambridge; sie unterschieden sich von den Kameraden, denen ich bei der australisch-asiatischen Antarktisexpedition begegnet war, nur durch ihren Akzent und ihr Benehmen.

Nachdem ich meine Reisegenossen und mein neues Heim kennen gelernt hatte, erläuterte Frank Wild mir kurz die Ziele und Pläne der Expedition. Von Buenos Aires aus würden wir Kurs auf die subantarktische Insel Südgeorgien nehmen, und nachdem an einer der Walfangstationen neue Kohle gebunkert worden war, sollte die *Endurance* südwärts durch das Packeis zur Spitze des Weddell-Meeres vordringen. Dort wollten wir eine Basisstation errichten und die Forschungsgruppe absetzen. Vorgesehen war, diesen unbekannten Quadranten ausführlich zu erkunden und eine fünfköpfige Mannschaft zusammenzustellen, die den Boss auf einer 2900 Kilometer langen Schlittenreise quer über den antarktischen Kontinent und den Südpol zum Ross-Meer begleiten sollte. In der Zwischenzeit würde die *Aurora*, die Sir Ernest Shackleton von der Mawson-Expedition gekauft hatte, von Neuseeland aus ins Ross-Meer segeln und die transkontinentale Mannschaft abholen. So einen Plan konnte sich nur ein kühner Mann mit großen Visionen ausdenken, der fest an sein Durchhaltevermögen und seine Überzeugungskraft glaubte. Genau diese Eigenschaften waren mir gleich bei unserer ersten Begegnung an Sir Ernest Shackleton aufgefallen, und diese Qualitäten waren es auch, die sich mir im Laufe der Zeit immer stärker einprägten.

Im Vergleich zu Mawsons robustem und starkem Schiff, der *Aurora*, wirkte die *Endurance* auf den ersten Blick klein und zierlich, aber als ich unter Deck ging und mich umschaute, entdeckte ich zu meiner Befriedigung ein kräftiges Balkenwerk aus Eiche und einen Rumpf aus massiver Pinie und Greenheart-Holz. Das Schiff war ursprünglich von Christensen, dem berühmten norwegischen Konstrukteur, für touristische Fahrten in der Arktis entworfen worden und daher komfortabler ausgestattet als die *Aurora*, die für die Robbenjagd gebaut worden war. Es hatte eine Tragfähigkeit von etwa 350 Tonnen, eine Schonerbark-Takelung und konnte eine Geschwindigkeit bis zu zehn Knoten erreichen. Die *Endurance*, mit frischer Farbe und leuchtend weißen Segeln festlich geschmückt, war ein elegantes Geschöpf von ebenmäßiger Schönheit. Eine Braut auf See, die sich auf ihre erste Reise vorbereitete.

Dem Lademeister war wohl bewusst, dass 28 Menschen mit der *Endurance* in See stechen wollten, aber er ließ es sich nicht anmerken. Man munkelte, dass die Expedition eventuell drei Jahre dauern könnte, also ging er kein Risiko ein und nahm alles mit, was nur irgendwie an Bord verstaut werden konnte.

Obwohl die Stunden unseres kurzen Aufenthaltes in Buenos Aires gut ausgefüllt waren, erlagen die meisten Mitglieder des Forschungsteams dem Charme und der Gastfreundschaft der prächtigen argentinischen Hauptstadt. Außerdem war es wohl auch ganz natürlich, dass unser Schiff in den Mittelpunkt des Interesses rückte, dass es eingehend betrachtet, freizügig mit Namenzügen versehen und Teile davon als Souvenirs behalten wurden. Auch wir selbst wurden gemustert und beurteilt, die Menschen stießen einander an und flüsterten sich zu: »Da ist einer von ihnen.«

Zwischendurch richtete sich die Aufmerksamkeit auf die Schiffszimmerleute des Hafens, die hoch oben in der Takelage die Rahen vom Hauptmast lösten. Im tiefen Süden würden diese Rahen einem Schneesturm eine zu große Angriffsfläche bieten und das Schiff eventuell manövrierunfähig machen.

Ein Hauch von Rosenöl lässt einen herumfahren und nach der Quelle suchen. Ah ja! Er kommt von einer Gruppe hübsch gekleideter Frauen, die den Landungssteg umlagern und über das ›Kein Zutritt‹-Schild diskutieren. Sie lassen sich davon nicht abschrecken und lächeln zuversichtlich. Die *señoritas* sind offenbar fest entschlossen, der *Endurance* einen Besuch abzustatten. Nicht einmal Frank Wild kann diesem hauchzarten, süßen Drängen widerstehen. Als die Duftwolke vorbeigeschwebt ist, steigt der Geruch heißen Pechs von den Decks auf. Die Kalfaterer gießen die geschmolzene Masse in frisch zu dichtende Ritzen. Die Decks sind voller Gerümpel, zu schmutzig für zarte Füße und hübsche Schuhe.

Endlich wird die offizielle Abfahrtszeit bekannt gegeben. Vom frühen Morgen an beginnt eine festliche Schar von Freunden und Zuschauern zusammenzuströmen, und bei vier Glasen drängt sich am Dock eine Menschenmenge, die Buenos Aires und der Gelegenheit würdig ist.

Noch bevor das sonore Läuten der Glocke verklungen ist, gibt der Lotse Befehl zum Ablegen. Die schweren Coirleinen werden gelöst, und die zwei Schlepper nehmen von unserer Hafenseite her ihre Arbeit auf. Als der Abstand zwischen den hölzernen Schiffswänden und dem Kai größer wird, lässt man uns dreimal hochleben. Die riesige Menge stummer Zuschauer kommt plötzlich in Bewegung. Hüte werden geschwenkt, Taschentücher – zierliche, große, weiße und farbige – flattern fröhlich über jubelnden Köpfen. Abschiedsgrüße fliegen über die immer breiter werdende Kluft zum Vorderdeck, auf dem wir uns versammelt haben. Wir tun derweil unser Bestes, das fröhliche Zischen und Tuten der Pfeifen und Sirenen zu übertönen. Viel zu schnell verlieren sich die Gesichtszüge der Freunde im verschwommenen Bild der fernen Menge.

Im Maschinenraum-Telegraf klappert es, als wolle er

das Ende einer Ouvertüre anzeigen. Unsere Maschinen machen sich an ihre große Aufgabe. Der Mann am Steuer greift in die Speichen des Schicksalsrades.

2 *Südwärts ho!*

It's ›Gang-plank up and in‹, dear lass
it's ›Hawser's warp her through!‹
And it's ›All clear aft‹ on the old trail, our own trail the out trail,
we're backing down on the Long Trail –
the trail that is always new.

RUDYARD KIPLING

*E*ine leichte Dünung der unser wartenden See wiegt das Schiff, noch bevor die letzten Jubelrufe verhallt sind. Sie klingen wie ein fernes Echo der zivilisierten Welt, und genau das sollten sie für uns auch sein. Ihre guten Wünsche begleiteten uns, doch die Welt würde auch über unsere Taten und Errungenschaften zu Gericht sitzen. Also auf zum ›Suchen, Finden, nicht Zurückweichen‹.

Als wir unsere Mitmenschen hinter uns lassen, um einer Fata Morgana im eisigen Süden nachzujagen, verlieren wir uns in Träumereien: Zweifel, Ängste, Begeisterung und Entschlossenheit wechseln mit einander ab. Was wird sich in der Welt ereignen, während wir in der großen weißen Stille gefangen sind? Doch es ist unmöglich, unter solch erfahrener Führung, an Bord eines großzügig ausgestatteten Schiffes mit einer tüchtigen Mannschaft, nicht optimistisch und froh zu sein.

Leicht durchpflügt unser Bug das Wasser, teilt es in schäumende Wellen, die leise flüstern, wenn sie an den Rumpf schlagen. Wir lassen die Mündung des großen Rio de la Plata hinter uns und fahren gen Süden. Da der Wind günstig steht, wird Befehl gegeben, die Segel zu setzen. Wir lösen die Taue und ziehen zu einer alten Seemannsweise eifrig an den Fallleinen. Bald prescht die *Endurance* unter vollen Segeln südwärts über die tiefblauen Wellen des südatlantischen Ozeans.

Als der Wind aufzufrischen begann, mussten alle mit anpacken, um die Fracht an Deck sicher zu verstauen. Tom Crean und ich halfen gerade den Matrosen, als ich einen Stiefel entdeckte, der fast vollständig von Kisten und Fässern verborgen war. Voller Angst, jemand könnte von dem Frachtgut erschlagen worden sein, rief ich Crean herbei, und gemeinsam begannen wir nachzuschauen. Zu unserer Überraschung bewegte der Stiefel sich plötzlich. Crean griff danach und zog kräftig. Da kam ein anderer Stiefel zum Vorschein, gleich darauf hörten wir eine gedämpfte Stimme: »Ist ja schon gut, lasst los, ich komm' raus.« Zuerst tauchten die Stiefel auf, dann wand sich ein Körper hervor, und schließlich ein Kopf. Es war ein junger ›blinder Passagier‹. Wir halfen ihm, sich zu befreien, aber dann folgte zu unserem großen Erstaunen ein weiterer blinder Passagier, ein Kumpel des ersten – eine schwarze Katze.

Oben von der Brücke beobachtete Sir Ernest Shackleton interessiert, was da vor sich ging. Uns blieb nichts anderes übrig, als den blinden Passagier zum Boss zu bringen. Sir Ernest spielte auf typisch irische Art den Strengen. Die Katze schnurrte und rieb sich zufrieden an Sir Ernests Beinen, wie um der Bitte ihres Freundes Nachdruck zu verleihen. Der wollte unbedingt bei der Expedition dabei sein, egal auf welchem Posten. Sir Ernest klopfte dem Jungen auf die Schulter und sprach zu ihm wie ein Vater. Blackborrow – so hieß er – wurde zum Schiffssteward ernannt.

So vergeht die Zeit. Tage und Taten werden protokolliert, und in vielen Tagebüchern füllt sich Seite um Seite. Jeden Morgen reißt Blackborrow ein Blatt vom Kalender in der Offiziersmesse ab. Wir achten kaum darauf. Man hat keine Rechnungen vom Wochenende zu bezahlen, keine Verabredungen einzuhalten und verliert kaum einen Gedanken daran, wie mühelos die Zeit verrinnt. Allmählich, fast unmerklich, hat sich ein gleich bleibender Trott eingeschlichen – etwas, das wir eigentlich vermeiden wollten. Uns fällt kaum noch auf, dass wir die Rasiermesser beiseite gelegt haben und dass zehn Tage alte Bärte unsere hübschen Gesichter verschandeln, auf die wir einst so stolz waren.

An Bord eines Schiffes ist Wasser knapp, und zum Baden und Waschen bleibt nicht viel übrig. Wir haben Kohle vom Deck in die Bunker gebracht, und das sieht man unserer Kleidung und den Gesichtern auch an. Es ist schon erstaunlich, wie schnell selbst hoch intelligente Menschen in eine primitive Lebensweise verfallen.

Es gibt nichts und niemanden, der zum Vorbild taugen würde. Wer dem Ingenieur oder Koch genug heißes Wasser abschwatzt, um sich rasieren und schrubben zu können, wirkt in diesem struppigen Haufen eher fehl am Platz.

Wir dampfen durch die allseits bekannten ›brüllenden Vierziger‹. Ein unerbittlicher, allgewaltiger Feind umtobt uns, gnadenlos gegenüber den Schwachen und rachsüchtig gegenüber den Starken. Eine Woche stürmt er nun schon mit gewaltiger Kraft auf unser Steuerbordquartier ein, aber abgesehen von gelegentlichen Sturzseen, die unsere Decks überspülen, reisen wir trotzdem südwärts. Dieses ›Reisen‹ ist allerdings eben so aufreizend wie ungemütlich. Von einer Seite zur anderen krängen, rollen, schlingern und stampfen wir, auf und nieder, kreisend, seufzend, krachend, heulend: es war, als hätten die Erbauer unser Schiff eigens dafür entworfen, diese geisterhaften Kapriolen zu vollführen und diese schauerlichen Geräusche zu produzieren. So etwas eine Stunde lang auszuhalten ist mehr als genug, ein Tag ist noch schlimmer, und eine Woche fast unerträglich. Daher ist es nur natürlich, dass wir uns – ganz abgesehen von seiner natürlichen Anziehungskraft und unserem wissenschaftlichen Interesse – nach dem versprochenen Land sehnen. Wir ertragen die Unannehmlichkeiten so gelassen, wie wir nur können, doch die Vorstellung, bald wieder festen Boden unter den Füßen zu haben, erscheint uns geradezu paradiesisch.

Erst am zehnten Tag erhaschten wir einen kurzen Blick auf die hohen Berge Südgeorgiens, die hinter dichten Nebeln verborgen waren. Als wir auf die Insel zufuhren, gerieten wir in eine Nebelbank, die uns jede Sicht nahm. Das Land konnten wir also zwar nicht sehen, aber umso besser riechen: Es gab keinen Zweifel daran, dass wir näher kamen, denn der Geruch der Walverarbeitungsfabriken wurde immer stärker.

Da es uns in dieser Dunstglocke nicht möglich war, eine Hafeneinfahrt auszumachen, ließen wir pausenlos unsere Sirene ertönen, um ein Walfangschiff anzulocken. Es dauerte auch nicht lang, da bekamen wir eine Antwort, und bald tauchte ein kleines Schiff aus dem Nebel auf und kam längsseits. Kapitän Michelsen von der *Sitka* geleitete uns in die Cumberland-Bucht und von da in einen winzigen Hafen, den King Edward Cove, wo wir vor Grytviken, der Küstenstation der argentinischen Fischverarbeitungsgesellschaft ›Argentina Pesca Company‹, Anker warfen.

An Land stiegen Rauchwolken aus einer großen Ansammlung von Hütten auf und vermischten sich mit den Nebeln um die schneebedeckten Höhen. Viele Walkadaver, angeschwollen wie Ballons, waren an einer Boje direkt vor der Zerlegeplattform, dem ›Flensplatz‹, festgemacht. Verwesende Kadaver, die schon ›abgespeckt‹ waren, trieben in riesigen Mengen auf dem schmierigen Wasser oder lagen gestrandet an den Ufern. Die Fabriksirenen bereiteten uns einen lautstarken Empfang, die dümpelnden Kadaver einen Ekel erregenden. Wir wussten nicht, was wir von Grytviken halten sollten. Öliges Wasser, verschmutzt von Gedärmen und Abfällen, die sich über Jahre angesammelt hatten, schwappte an die Strände. Mit fest zugehaltener Nase aus dieser stinkenden Umgebung betrachtet, erschien selbst die großartige Insellandschaft nicht mehr makellos und rein. Aber der erste Eindruck täuscht oft. Wir sollten einen vergnüglichen Monat auf Südgeorgien verbringen.

Die Hunde wurden an Land gebracht und unter der Aufsicht eines halben Dutzends unserer Männer, die für diese Zeit im Krankenhaus der Station unterkamen, vor einem nahe gelegenen Berghang angekettet. Nach der Gefangenschaft an Bord waren die Tiere außergewöhnlich lebhaft und rissen sich ständig los, sehr zum Ärger der ortsansässigen Schweine, denen die Hunde voller Jagdeifer nachstellten.

Obwohl Südgeorgien zu Großbritannien gehört, sind die in der Walverarbeitungsindustrie beschäftigten Männer meist Skandinavier – Seemänner vom härtesten Schlag, die für einen ›Abschuss‹ ihr Leben riskieren würden und, ob es um das Wetter oder um Menschen geht, alles so nehmen, wie es kommt. In Aussehen und Benehmen wirken sie wie Wikinger, und sie halten tatsächlich, wenn auch auf anderer Ebene, die besten Traditionen dieser kühnen Nordmänner hoch.

Die Insel Südgeorgien besitzt eine der schönsten und wildesten Berglandschaften der Welt. Ihre sturmumtosten Küsten ragen steil auf zu schroffen Abhängen, die von spaltendurchzogenen Gletschern getrennt und von ewigem Schnee und Nebel bedeckt sind. Das Innere der Insel ist nie erkundet worden. Rund um die unregelmäßige Küste gibt es viele schöne natürliche Häfen und wunderbare Fjorde, in den ruhigsten befinden sich die Landstationen der sieben Walfanggesellschaften. Die Industrie blüht, ist gut organisiert und wird in großem Rahmen wissenschaftlich betrieben, auf dem Höhepunkt der Saison sind über 100 Männer beschäftigt. Im Jahr unserer Ankunft wurden mehr als 6000 Wale gefangen, und der Wert des Waltrans und der Nebenprodukte betrug fast 1,25 Millionen Pfund.

Die Walfänger bewegen sich in einem Radius von 100 Meilen um die Insel. Nach Berichten von Seeleuten, die aus dem Süden kamen, gab es sehr viel Eis, und es wurde eine ungewöhnliche Saison vorhergesagt. Die Kapitäne rieten uns dringend, noch einen Monat zu warten, bis das Packeis weiter aufgebrochen und besser zu durchfahren wäre. Die Saison hatte gerade erst begonnen, und da diese Seemänner jahrelange Erfahrung in diesen Gewässern hatten, beschloss Sir Ernest Shackleton, einen Monat in Südgeorgien zu bleiben. Die Gegend war eigentlich noch nie wissenschaftlich erforscht worden und bot unseren Walexperten ein reiches Betätigungsfeld, daher wurde Sir Ernests Entscheidung allgemein begrüßt.

Bald entdeckten wir unter den in der Walindustrie Beschäftigten viele Abenteurer ganz nach unserem Herzen. Die gegenseitigen Beziehungen gestalteten sich überaus erfreulich, und die Gastfreundschaft, die uns entgegengebracht wurde, war fast schon beschämend. Man stellte uns ein Geleitboot und mehrere Barkassen zur Verfügung, damit wir die Küsten abfahren und die Fjorde erkunden konnten, und zum Walfang nahm man uns mit, wann immer wir wollten.

Jahrelange Überfälle von Robbenjägern und gierigen Transuchern hatten die zahlreichen See-Elefanten und Robbenkolonien dezimiert, die einst die Insel bevölkerten. Da sie gnadenlos abgeschlachtet wurden, sind Bärenrobben längst ausgestorben. Seit es keinen Profit mehr bringt, diese amphibienartigen Tiere zu jagen, haben See-Elefanten und andere Mitglieder der Robbenfamilie wieder angefangen sich zu vermehren, aber sie sind dort nicht so fruchtbar wie auf den weniger zugänglichen subantarktischen Inseln, die ich kennen gelernt habe.

Wie der Walfang sollte auch das unkontrollierte Töten jeder Art von Robben durch internationale Vereinbarungen strikt reglementiert und Zuwiderhandlungen durch Konfiszierung von Fabrik und Schiffen streng bestraft werden. Während meines Besuches auf den Crozet-Inseln bei Sir Douglas Mawsons letzter Expedition 1930 und 1931 wurde ich Zeuge, wie eine südafrikanische Gesellschaft die See-Elefanten an den Ufern der American Bay komplett ausrottete. Man schlachtete nicht nur die erwachsenen Tiere, vielmehr wurden mit einer an Sadismus grenzenden Grausamkeit selbst die Jungen erschlagen. Ich erwähne dies zur

Warnung für die Regierungen Australiens und Neuseelands, damit sie einer ähnlichen Misere in ihren subantarktischen und antarktischen Besitzungen und Kolonien zuvorkommen.

König Wetter bestimmt alles in diesen Breitengraden und er regiert Südgeorgien mit eisiger Hand. Ruhige, sonnige Tage sind selten, aber wir waren glücklicherweise bei recht gutem Wetter angelangt. Um diese schöne Zeit zu nutzen, standen wir alle früh auf und machten uns mit Motorboot und Prahm, beladen mit Forschern, Kameras und wissenschaftlichem Zubehör – nicht zu vergessen den Picknickkörben und Zelten für den Notfall – auf den Weg, um die Umgebung von Cumberland und die nahe gelegenen Buchten zu erkunden und das Inland zu erforschen.

Als wir die ›Parfümflasche‹, wie wir unseren Ankerplatz spaßeshalber getauft hatten, verließen, kreuzten Schwärme von Kaptauben, riesigen gesprenkelten silbernen Motten ähnlich, unser Kielwasser. Das Tuckern unseres Motorboots scheuchte eine Kolonie von Kormoranen auf, die uns daraufhin mit schnellem Flügelschlag umkreisten und unser Gefährt aus blau umrandeten Augen musterten, als rätselten sie, was für eine Art Vogel, Tier oder Fisch wir wohl sein könnten. Natürlich gab es reichlich Pinguine. Sie spielten kreischend im Wasser herum und unterhielten uns mit ihren drolligen Späßen. Und wenn wir uns weiter entfernten, trafen wir auf Tauchsturmvögel, Skuas und Dominikanermöwen. Wir hörten ihre Schreie gern, auch wenn sie misstönend waren. Diese Abordnung von den Klippen, Marschen und Wasserfällen war das Begrüßungskomitee von Mutter Natur.

Die Sonne lächelte strahlend auf uns herab und überzog die schneebedeckten Felsen mit einem silbernen Glanz. Verzweigte Meeresarme umschlossen moosbedeckte Inselchen und führten uns tiefer ins Land, wo ihre dunkel glänzenden Wellen die nackten Ausläufer schneegekrönter majestätischer Berge streichelten. Die Natur breitete ihre ganze Schönheit vor uns aus. Hinter jeder Biegung erwartete uns ein neues Meisterwerk. Das Fallen des Ankers und unser Kielwasser brachten die spiegelglatte Wasseroberfläche zum Erzittern, so dass die weißen Berge mit dem blauen Himmel verschwammen.

Die Expeditionsmitglieder, die subantarktische Fauna noch nie an Ort und Stelle gesehen hatten, waren von dieser Szenerie geradezu überwältigt und schauten mit staunenden Augen um sich. Die Paarungszeit der See-Elefanten war auf ihrem Höhepunkt und der breite Strand vor uns wimmelte von Tieren. Einige der vornehmeren Bewohner – eine Abordnung von Eselspinguinen – kamen uns entgegengewatschelt, angeführt von einem wichtigtuerischen kleinen Kerl, den ich für den Bürgermeister hielt. Sie stellten sich in gebührendem Abstand auf und quäkten uns ein zögerndes Willkommen zu. Eine Schar neugieriger Plebejer, ein paar Scheidenschnäbel, die von Ornithologen der Gattung *Chionis alba* zugeordnet wurden, kamen herbeigeflogen und begannen, nachdem sie uns verstohlen gemustert hatten, mutig an unseren Stiefeln, Instrumenten und Utensilien zu picken. Als die erste Aufregung sich gelegt hatte, teilten wir uns in kleine Gruppen und gingen unseren unterschiedlichen Beschäftigungen nach. Ich fand an der Küste reichlich Motive für meine Kamera: zum Beispiel eine vergleichsweise kleine See-Elefantenkolonie, bestehend aus 200 Kühen, die von ein oder zwei Bullen bewacht wurden.

In dieser Zeit der Saison sind die Tiere in Bestform. Die Bullen werden bis zu sechs Meter lang und wiegen ausgewachsen ganze drei Tonnen. In der Paarungszeit möchten die Tiere, besonders die Bullen, nicht gestört werden. Bei unserer Annäherung richteten sie sich auf und schauten uns warnend an. Als sie merkten, dass diese Drohgebärde uns nicht abschreckte, bliesen sie den auffallenden Rüssel auf, der wie ein kleiner Koffer aussieht, rissen das Maul weit auf und stießen ein lautes Brüllen aus, das ein bisschen an eine einträchtig schnarchende Schweineherde erinnerte. Diese Kampfansage ist normalerweise mehr als ausreichend, um andere Bullen, die sich an den Harem heranmachen wollen, in die Flucht zu schlagen. Wir dagegen sind begeistert von diesem Schauspiel. Wir suchen kleine Kieselsteine und spielen dumme Jungenstreiche. Von den Steinchen getroffen, glaubt der am nächsten liegende Bulle offenbar an einen Angriff, wirft sich ganz erbost mit erstaunlicher Wendigkeit herum und stürzt direkt auf uns zu. Diesmal flüchten wir, aber dem schwerfälligen Tier, das bald keine Luft mehr bekommt, entkommen wir leicht. Mit einem ›Na wartet, wenn ich euch erwische‹-Ausdruck im Gesicht wirft es sich in den Sand und röchelt asthmatisch. Unterdessen nutzt ein aufmerksamer Bulle, der sich direkt aus dem Meer nähert, die Gelegenheit, sich unter den Harem zu mischen. Da dieser Herausforderer gefährlicher ist, greift der nun ernsthaft erboste Clanchef wütend an und erschreckt den Eindringling damit derart, dass er kampflos schleunigst das Weite sucht.

Häufig jedoch entwickeln sich zähe Kämpfe zwischen den Bullen, die erst beendet sind, wenn einer der Kontrahenten verletzt und blutend ins Meer flieht. Oft stand ich bei solchen schweren Auseinandersetzungen mit meiner Kamera nur wenige Schritte entfernt, aber die Rivalen waren so vertieft in ihre Auseinandersetzungen, dass sie mich gar nicht bemerkten.

Die Tiere richten sich hoch auf, bis nur noch das hintere Viertel ihres Körpers den Boden berührt; in dieser drohenden Haltung sehen die Gegner Furcht erregend aus. Einen Moment lang starren sie sich böse an, dann stürzen sie sich schnaubend und grunzend in den Kampf. In einem günstigen Moment greift einer der Bullen an, indem er versucht, seine Stoßzähne in den speckigen Nacken des Feindes zu bohren, aber der ist auf der Hut und fängt den Hieb mit der Brust ab. Ebenso gut hätte der Kontrahent gegen eine Mauer anrennen können. Der Angreifer zieht sich hastig zurück und wappnet sich für den Gegenschlag, und so geht es

Runde um Runde. Das dicke Fell reißt auf, und das Blut fließt in Strömen.

Wenn die Kontrahenten Schmerzen verspüren, so zeigen sie es jedenfalls nicht. Der Kampf kann sich über eine Stunde hinziehen, bis einer der Bullen erschöpft ist. Das ist dann der große Augenblick. Der Sieger brüllt seinen Triumph hinaus und der bezwungene Bulle quält sich seewärts, ohne den Überlegenen aus den Augen zu lassen. Sobald er außer Reichweite ist, dreht er sich um und lässt sich eilig von einer Uferklippe ins Meer plumpsen.

Das Kampfgetümmel stört die Schläferinnen im Harem. Die Kühe äußern ihren Unmut durch abgehacktes Bellen und Grunzen, die Jungen jaulen, und die Kolonie wird unruhig. Aber davon abgesehen zeigt der Harem nur wenig Interesse am Schicksal seines Herrn.

So gingen unsere angenehmen und interessanten Tage in Südgeorgien schnell vorbei. Wann immer das Wetter es zuließ, machten sich neugierige Gruppen auf den Weg, um wertvolle wissenschaftliche Daten zusammenzutragen und eine ständig wachsende Zahl von Proben zu sammeln, die sie vorsichtig an Bord trugen, so dass die engen Kabinen und die überfüllte Offiziersmesse bald aus allen Nähten platzten.

Wenn Schneestürme diese eifrigen Feldforschungen unmöglich machten, verlegten die Wissenschaftler ihre Aktivitäten auf das Schiff, wo sie munter sortierten, etikettierten und präparierten, als hätten sie alle Zeit der Welt. Im Labor an Bord stapelten sich die Vögel und die Eimer mit Seewasser aus Untiefen. Zwei ›Vogelmenschen‹ suchten das Federkleid der Vögel systematisch nach Zecken, Läusen und anderen Parasiten ab.

Die Offiziersmesse ist der Schauplatz weitergehender wissenschaftlicher Betätigung. Der Esstisch sieht aus wie ein Teil vom sattgrünen Boden Südgeorgiens. Sir Ernest Shackleton, Jock Wordie, Robbie Clark, Hussey, Dr. Macklin und ein oder zwei Helfer beugen sich, bewaffnet mit Pinzetten und Vergrößerungsgläsern, über eine reiche Auswahl an Gräsern, Moosen, Flechten, Kräutern u. ä. Sie untersuchen den wirren Haufen Halm für Halm und Blatt für Blatt auf winzige Springschwänze, kleine Spinnen, Käfer, Asseln und andere niedere Insekten.

Obwohl ich die Wissenschaftler mag, fehlt mir leider die Geduld, mich für diese ›Käferjagden‹ mit der Lupe zu begeistern. Offenbar wecken sie in der Forscherseele einen ganz besonderen Instinkt, der mir fehlt. Trotzdem bewundere ich den Eifer und die unermüdliche Geduld dieser gelehrten Männer.

Ich mache mir große Sorgen, dass einige der aggressiveren kleinen Tierchen – insbesondere die Springschwänze – in die stattlichen Bärte hüpfen könnten, die sich über die Moose und Gräser beugen, und in dieser üppigen Geborgenheit eine noch erstaunlichere Spezies herzuvorbringen in der Lage wäre, die dann eines Tages die Wissenschaftler selbst jagen würde.

Das genaue Sortieren führt unweigerlich dazu, dass die Mahlzeiten später serviert werden; die Biologen scheinen immer gerade dann irgendeiner Mikrobe auf der Spur zu sein, wenn die Stewards den Tisch decken wollen. Beim Essen, bei dem viel geredet wird, hauptsächlich über Insekten, kann man mit schöner Regelmäßigkeit zahlreiche ungeladene Gäste über den blanken Tisch spazieren sehen, woraufhin in einem der Wissenschaftler der Jagdinstinkt erwacht und er losstürzt, um Pinzette und Probenglas zu holen.

Während ein Teil unseres Forschungsteams das Leben gern unter dem Mikroskop betrachtet, findet ein anderer es weit interessanter, mit dem Fernglas über das Meer zu schauen und nach dem größten Lebewesen der Welt zu suchen – aber dieses faszinierende Thema wird im nächsten Kapitel abgehandelt.

3 »Wal, da bläst er!«

Ein Wanderer ist der Mensch von Anbeginn,
geboren auf einem Schiff,
getrieben vom Fluss der Zeit,
voller Staunen und Freude.

MATTHEW ARNOLD

Walfang ist Großwildjagd *in excelsis.* Soweit ich weiß, sind Wale die größten Tiere, die je auf Erden gelebt haben. Offiziell war ein Blauwal, der in der Nähe von Südgeorgien gefangen wurde, mit 28 Metern der längste. Solch ein Ungetüm wiegt etwa 80 Tonnen, was dem Gewicht von 16 ausgewachsenen indischen Elefanten entspricht. Gut möglich, dass noch größere Wale erlegt worden sind. Es ist von über 30 Meter langen Exemplaren berichtet worden, aber, wie das bei Anglerlatein häufig so ist, schrumpfen sie, wenn das Maßband angelegt wird.

Nebenbei bemerkt ist der Wal kein Fisch, sondern ein warmblütiges Säugetier der Gattung *Cetacea*, von der man annimmt, dass sie sich aus einer Gruppe Fleisch fressender Beuteltiere entwickelt hat, die vor mehreren Millionen Jahren die Erde bevölkerten. An Land wäre das Tier nie so riesig geworden, denn die

Beine hätten einen derart schweren Körper gar nicht tragen können. Im Wasser existiert dieses Problem nicht, daher erreichen die Jungen in dieser schützenden Umgebung schon bei der Geburt eine fast unglaubliche Größe. Langjährige Beobachtungen der Walfänger von Südgeorgien zeigen, dass die Durchschnittslänge eines Blauwalkalbes bei der Geburt 7,6 Meter beträgt. So ein properes Baby wiegt gerade mal acht Tonnen. Zwillinge? Nun, sehr selten. Auf der Zerlegeplattform in Grytviken habe ich einmal ein Pärchen gesehen, beide etwa drei Meter lang.

Das Kalb wächst mit erstaunlicher Geschwindigkeit; in sechs Jahren ist es ausgewachsen, und wenn es ein Weibchen ist, wird es mit zwei Jahren geschlechtsreif. Zwei Jahre später kann es schon eigene Junge bekommen. Der Legende nach sollen Wale tausend Jahre alt werden, aber Wissenschaftler haben dieses biblische Alter auf ungefähr achtzig Jahre reduziert. Diese Fakten allein sind schon erstaunlich genug, aber es hört sich schon sehr nach Anglerlatein an, wenn man erfährt, dass die Nahrung, von der diese riesigen Kreaturen leben, aus einer Vielzahl kleiner Krebse besteht, die kaum 2,5 Zentimeter lang sind. Diese Walkrebschen, die Wissenschaftlern als *Euphausia inermes* und Walfängern als ›Krill‹ bekannt sind, ernähren sich von Diatomeen, die mit bloßem Auge gar nicht zu sehen sind. Damit ist die Nahrung des größten Lebewesens, das es jemals gab, nur einen Schritt weit entfernt von den Kleinstlebewesen. Diese winzigen Krebse kommen in antarktischen

Gewässern sehr reichlich vor, und ich habe gesehen, wie fünf Tonnen davon aus dem Bauch eines Blauwals entfernt wurden, und der war nicht einmal halb voll. Diese Wale können größere Nahrung gar nicht schlucken, weil ihr Schlund kaum 20 Zentimeter breit ist.

Die Gewässer rund um Südgeorgien werden schon seit vielen Jahren befischt und bringen immer noch Profit. In Südgeorgien erfolgt die Weiterverarbeitung, wie etwa die Gewinnung des Trans und der Nebenprodukte, in den eigens dafür gebauten Fabriken an Land. Das schränkt den Handlungsspielraum ein, und wenn die Wale die Gegend verließen, stünden die Küstenstationen vor dem Ruin. Um dem zuvorzukommen und auch um die Jagdreviere weiter ausdehnen zu können, wurde die schwimmende Fabrik entwickelt, eine schlimme Erfindung, die es einer kompletten Einheit erlaubt, der Wanderung der Wale von einem Futterplatz zum nächsten zu folgen.

Zuerst wurden überalterte Schiffe bis zu 12 000 Tonnen mit behelfsmäßigen Fabrikationsvorlagen ausgestattet, und das Zerlegen ging längsseits des Fahrzeugs vonstatten. Aufgrund der unglaublich hohen Gewinne ließen Wettbewerbs- und Erfindungsgeist monströse Mutterschiffe von bis zu 34 000 Tonnen entstehen, die über eine Tankkapazität von 25 000 Tonnen verfügen. Die veraltete Methode des ›Flensens‹ wurde überflüssig, weil man eine riesige Heckpforte einbaute, die es möglich machte, die Kadaver direkt aus dem Wasser auf das geräumige Hauptdeck zu hieven. Dort kamen elektrische Sägen und andere Schneidwerkzeuge zum Einsatz, durch die sich die Zeit, die man für das Zerteilen brauchte, von einem halben Tag auf eine halbe Stunde reduzierte. Diese modernen Schiffe haben jede Neuheit an Bord, die man sich für Fabrikation und Maschinen nur wünschen kann, und was Navigationshilfen anbetrifft, sind Mutterschiff und Fangschiffe – normalerweise sechs bis acht an der Zahl – mit Funk und Peilempfänger ausgestattet. Dadurch gibt es auch während der häufigen Schneestürme keine Navigationsprobleme mehr.

Die in Südgeorgien bei der Fangjagd benutzten Methoden ähneln denen, die woanders eingesetzt werden, aber da diese Industrie für Australien interessant ist, werde ich den Schauplatz in die hauptsächlich von Australiern und Neuseeländern erforschten und kartografierten Gebiete verlegen, die heute die reichsten Walgründe der Sieben Weltmeere sind.

In den guten alten Zeiten der Fangschaluppen und Handharpunen wurden nur drei Arten, der Nordkaper, der Pottwal und der Grönlandwal gejagt. Den mächtigen Finn- und Blauwalen konnte man so nicht beikommen, und selbst wenn sie einmal erlegt wurden, sanken diese Beutetiere normalerweise auf den Meeresgrund. Ein norwegischer Seemann, Svend Foyn, gab der rückläufigen Industrie durch die Erfindung der Harpunenkanone neuen Auftrieb.

Aber lassen Sie uns eine dieser modernen schwimmenden Fabriken besichtigen. Beim Näherkommen lesen wir den Namen *Sir James Clark Ross*, eine zweifelhafte Ehre für den berühmten Seefahrer, der das Ross-Meer entdeckte. Das Schiff hat 22 000 Tonnen, kann pro Tag 2500 Fässer produzieren und insgesamt 135 000 Fässer transportieren. Mindestens 2000 Wale müssen gefangen werden, um die Tanks dieses Fahrzeugs zu füllen. Sechs Fangschiffe begleiten es, um für steten Nachschub an Walen zu sorgen. Sie operieren in einem Umkreis von 60 Meilen.

Die ungewöhnliche Form der *Sir James* fällt sofort auf, doch beim Näherkommen verwandelt der Anblick dieses monströsen Schlachthauses, aus dessen Speigatten Blut ins öl- und fettverschmierte rote Meer rinnt, Interesse in Ekel. Das Schlachten und Sieden des Trans in unbegrenztem Rahmen ist zu vielseitig, um es genau beschreiben zu können. Allerdings ist der Kontakt mit dem Schiff nicht zu vermeiden, denn ich muss meine Ausrüstung vom Forschungsschiff über die mit Speckstreifen und Fleischstücken übersäten bluttriefenden Stahldecks zu dem längsseits festgemachten Fangboot tragen.

Wir gehen an Bord des Fangschiffes *Star X* und lernen Kapitän Jacobsen, den Meisterschützen der Flotte, und seinen Maat Als Larsen kennen. Zweifellos liegt es an der freundlichen Aufrichtigkeit des Willkommensgrußes, dass man sich sofort wie zu Hause fühlt. Wir machen die Leinen los und suchen uns einen Weg durch die Ansammlung aufgedunsener Wale, die wie halb aufgeblasene Ballons aus dem Wasser ragen. Sobald wir klar gekommen sind, machen wir uns mit 12 Knoten davon.

Zufällig kannte ich Maat Larsens Vater, den berühmten Kapitän der Nordenskjöld-Expedition, C. A. Larsen, Gründer der Stationen in Südgeorgien und Pionier der Walindustrie in diesen Gewässern.

Larsen zeigte mir die *Star X;* ein zweckmäßiges, robustes Schiff, kräftig genug gebaut, um Wind und Wetter trotzen zu können, 27 Meter lang und ausgerüstet mit einer ölbetriebenen Dampfmaschine, die 750 PS entwickelt. Vollgetankt hat das Schiff eine Reichweite von 4000 Meilen.

Das interessanteste Gerät ist natürlich die Harpunenkanone. Ein paar Stufen führen vom Hauptdeck zur Schussplattform über dem Bug. Die Kanone, ein kurzer, kräftiger, 56 Zentimeter langer Vorderlader mit einem Kaliber von acht Zentimetern, kann mithilfe eines kleinen Holzgriffs am hinteren Ende in jede beliebige Richtung gedreht werden. Die Harpune wiegt 53 Kilo und hat vier 30 Zentimeter lange anliegende Widerhaken. Wenn die Harpune den Wal trifft, entfalten die Haken sich durch den Zug der Leine und verhindern, dass das Eisen wieder herausgezogen wird. Doch hat die Harpune nicht nur die Aufgabe, den Wal festzuhalten, sondern auch, ihn zu töten.

Oben auf die Spitze wird eine kegelförmige Bombe geschraubt, die mit hoch explosivem Sprengstoff gefüllt ist. Die Bombe explodiert ein paar Sekunden nach dem Eindringen und wirkt in der Regel dann sofort tödlich.

Am Schaft der Harpune ist eine Nut für einen Schäkel oder einen Karabinerhaken angebracht, an dem die Leine befestigt ist. Direkt unter der Kanone liegt zusammen gerollt auf einem flachen Tablett ein ca. 70 Meter langes dünnes Seil, das der Harpune bei ihrem Flug genügend Spiel lässt. Dieser Vorläufer hängt an einer dickeren Walleine und führt über Ringe zu einer starken Bremsvorrichtung an der Winsch und von dort hinunter in den Laderaum. Larsen erklärte, dass das bereitliegende Seil insgesamt 1800 Meter lang sei und einen Zug von 25 Tonnen aushalte. Dadurch wird es möglich, ähnlich einem Angler mit Rolle und Rute, mit einem Wal zu ›spielen‹.

Larsen fuhr fort: »Wenn wir zufällig einen großen Blauwal oder einen Finnwal fangen und die Bombe versagt, spielt der Wal verrückt. Dann fängt der Spaß an – da sollten Sie mal mit Ihrer Kamera dabei sein. Er könnte umdrehen und uns rammen oder losrasen – da fällt mir ein, in der letzten Saison hatten wir fast die ganze Leine gegeben und wurden trotz Maschinen auf halbe Kraft achteraus mit einer Geschwindigkeit von sechs Knoten mitgezogen. Nach vier Stunden Schleppzug kamen wir an die Eisgrenze. Das Wetter war ziemlich trübe damals, und wir konnten nicht weit voraussehen. Plötzlich steckten wir im Eis. Die Maschinen gingen auf volle Kraft zurück, aber das machte überhaupt keinen Unterschied. Der Wal tauchte unter das Eis, und wir mussten eiligst die Leine kappen, um nicht zerschmettert zu werden.«

Wir klettern auf die Brücke, wo wir von einem recht mürrischen Kerl begrüßt werden, der uns so müde zunickt, als schlafe er im Stehen. Später erwies sich Kapitän Jacobsen als überaus freundlicher Gastgeber; zu jenem Zeitpunkt war er durch ununterbrochene Wachen und Schlafmangel so erschöpft, dass er schon fast apathisch wirkte.

Währenddessen ist die *Star X* durch offenes Wasser gepflügt oder wurde mit unverminderter Geschwindigkeit gewagt durch loses Packeis manövriert. Eine aufregende Art der Fahrt ist das, ein stählernes Schiff durch ein Labyrinth aus ›weißen, treibenden Steinen‹ zu jagen. Rein und raus, hier herum und da herum schwingen und schaukeln wir. Ein Zusammenstoß mit den Massen vor uns scheint unvermeidlich, man fragt sich gerade, ob den übermüdeten Wachen schließlich doch noch die Augen zugefallen sind und der alte Johann am Steuer verrückt geworden ist, da legt sich das Schiff schon auf die Seite und erreicht eisfreies Gewässer. Dann dröhnen die Maschinen, und das Meer rauscht vorbei.

Der Ausguck im Krähennest ruft uns zu: »Wal, da bläst er – Wal backbord voraus!« Das Fangboot wendet, als nähme es eine scharfe Haarnadelkurve, und die Jagd geht los. Jacobsen deutet auf eine niedrige Gischtfontäne etwa zwei Meilen vor uns.

»Ein Pottwal«, verkündet Larsen. »Der nützt uns nichts, aber wir werden näher herangehen, damit Sie ihn filmen können.«

Nur sehr wenige Fabrikschiffe sind für die Lagerung von Pottwalöl ausgerüstet, und der Pottwal wird augenblicklich nicht verfolgt, da sein Öl nicht mit anderen vermischt werden kann. Früher wurden die Pottwale eifrig gejagt und die Spezies erholt sich gerade erst von diesen anfänglichen Übergriffen. Heute machen Finn- und Blauwale 90 Prozent des Fanges aus.

Als die *Star X* näher kommt, kann ich die Umrisse des alten Pottwals erkennen, der in der ruhigen See bei strahlendem Sonnenschein gemächlich seine Bahn zieht, so als vergnüge er sich prächtig. Ich eile hinunter auf die Schussplattform und beginne zu schießen – mit meiner Kamera. Die Maschinen stoppen, und wir driften geräuschlos dahin, so bekommen wir eine gute Nahaufnahme einer der seltsamsten Kreaturen, die je gelebt haben.

Ich schätze den Wal auf etwa 18 Meter Länge, von der ein Drittel auf den riesigen, kantigen Kopf entfällt. Der Körper ist übersät mit Narben, so als sei der Riese in einen furchtbaren Kampf verwickelt gewesen. An Pottwalen, die in der Nähe von Südgeorgien gefangen wurden, habe ich ähnliche Verletzungen gesehen. Das waren Spuren ihres mächtigen Ringens mit dem Riesenkraken, von dem sich der Pottwal, der größte der Zahnwale, ernährt. Im Bauch eines Pottwales fanden wir verstümmelte Reste von mächtigen Tentakeln, so dick wie der Oberschenkel eines Mannes, die von einem Riesenkraken mit einem Durchmesser von mindestens neun Metern stammen mussten.

Wir haben den Pottwal fast erreicht, bevor er die Gefahr erkennt; eilig verschwindet er im aufschäumenden Wasser, indem er die Fluke seines mächtigen Schwanzes hoch in die Luft wirft – ein Anzeichen dafür, dass er tief tauchen wird. Der Kopf hat nicht nur eine auffällige Form, er enthält auch etwas Seltsames – eine geräumige Höhle voller Zellen, die mit einer ›Walrat‹ genannten Flüssigkeit gefüllt sind. Bis zu 15 Fässer dieses hochwertigen wachsartigen Öls können aus einem einzigen Wal gewonnen werden. Wozu die ölhaltigen Zellen dienen, kann nur vermutet werden, aber wahrscheinlich als Energiereserve, die das Tier in den Zeiten braucht, in denen das Futter knapp ist oder die Fortpflanzung Vorrang hat.

Walrat darf nicht mit Ambra verwechselt werden, die ebenfalls ausschließlich in Pottwalen gefunden wird. Gesunde Wale liefern allerdings keine Ambra, dazu müssen die Eingeweide krankhaft verändert sein. Es handelt sich um eine graue, käsige Substanz, die besonders wertvoll ist und heiß begehrt wird als Bindemittel für erstklassige Parfüms.

Die niedrig stehende Abendsonne lässt die Wolken erglühen und spiegelt sich in der ölig glänzenden unendlichen Tiefe. Es ist schwierig, zwischen den tanzenden Schatten irgendeine Bewegung auszumachen. Da lenkt der scharfäugige Mann im Ausguck, so plötzlich wie zuvor, unsere Aufmerksamkeit auf eine Anzahl hoher silberner Dampfsäulen, die am nördlichen Horizont, in etwa acht Kilometer Entfernung, emporschießen. Larsen verkündet: »Lauter Blauwale, die äsen; wir haben Glück.« Gefragt, wie er auf diese Entfernung wissen kann, dass es sich um Blauwale handelt, erklärt Larsen: »Das verrät der Blow. Er sieht bei jeder Art anders aus. Der Blauwal stößt einen mächtigen Strahl von über 15 Meter Höhe aus, der Pottwal eine kurze, dicke Fontäne, und so weiter.«

Ein warmblütiger Meeressäuger muss oft auftauchen, um Luft zu holen, und kurz bevor das Tier die Wasseroberfläche durchbricht, stößt es mit großem Druck die Atemluft aus den Lungen. Diese feuchtwarme Luft kondensiert in der Kälte und bildet eine feine Nebelfontäne. Das Geräusch des Blasens ist in der antarktischen Stille noch auf eine Entfernung von drei Kilometern deutlich zu hören. Wenn die Luft durch die röhrenförmigen Nasenlöcher gestoßen wird, hört sich das so ähnlich an wie das Zischen eines Dampfdruckventils.

Der Abstand zu den Walen verringert sich jetzt schnell, aber unser Näherkommen scheint sie nicht sonderlich zu interessieren. Das Meer um uns herum schimmert rosa von den riesigen Krillschwärmen, an denen die Tiere sich gütlich tun. Die Wale schwimmen mit offenem Maul und füllen den riesigen Schlund mit den Barten, den am Oberkiefer hängenden Hornplatten, mit Wasser und Krill. Dann klappen sie den Unterkiefer zu und pressen das aufgenommene Wasser mithilfe der großen, weichen Zunge durch die Barten, so dass nur die Krebse zurückbleiben und verschluckt werden können.

Dieses interessante Schauspiel endet, als wir fast bis auf Schussweite herangekommen sind. Die Tiere spüren die Gefahr und tauchen weg, bevor Jacobsen einen Treffer landen kann. Wir tanzen auf dem Wellen. »Sie kommen bald wieder hoch«, sagt der Kanonier. An den öligen Strudeln auf der Wasseroberfläche können wir ihren Weg verfolgen.

Jetzt sind aller Augen auf den Kanonier gerichtet, der gespannt die davoneilenden Wirbel verfolgt. Die Zusammenarbeit an Bord funktioniert reibungslos. Auf den hastigen Zuruf von oben »Sie tauchen auf!« wird das Steuer herumgerissen. Das Schiff schaukelt, und fast direkt vor unserem Bug steigt eine Dampfsäule hoch, gefolgt von einer dunkel aufragenden Masse. Die Kanone wird ausgerichtet und feuert mit ohrenbetäubendem Krach. Die Leine saust durch Rauch und Dunst auf einen riesigen Strudel aus blutgetränktem Schaum zu, aus dem ein dumpfer Schlag dringt, als die Bombe im Körper des Wals explodiert. Hurra! Wir haben ihn. Es ist ein blauer Riese, fast 26 Meter lang. Die Leine schießt hinaus und lässt die Bremstrommeln wirbeln wie Garnrollen, die Bremsen können dagegen nichts ausrichten. Schnell wird die Kanone mit einer neuen Harpune geladen, die eine größere, tödliche Bombe trägt. Die verzweifelte Flucht in die Freiheit wird langsamer und der Windenmann nutzt das aus, um die Bremsen anzuziehen. Wir fangen an, uns zu bewegen. Der Tachometer registriert einen Zug von 15 Tonnen an der Leine – 10 Tonnen, dann 5 Tonnen –

die *Star X* wird geschleppt. Ein wirklich aufregender Sport ist das, mit acht Knoten von einem Wal durch antarktische Gewässer gezogen zu werden.

Die überstürzte Flucht wird bald langsamer, die schreckliche Wunde, die die Bombe geschlagen hat, fordert ihren Preis. Kurz darauf steigt der sterbende Riese an die Oberfläche und stößt blutgetränkte Nebelfontänen aus. Aber er hat immer noch viel Kraft. Die Winsch holt ein, bis wir ganz nah sind. Die zweite Harpune wird abgefeuert; wieder das schreckliche Geräusch der mit Verzögerung detonierenden Bombe – und dann das Ende. Die lose Leine reibt sich an der Winsch, als der Kadaver langsam absinkt. Bald wird das Seil durch das Gewicht des toten Wals wieder straff. Schließlich scheint die Winsch stillzustehen, und der Kanonier schiebt eine hohle Lanze, an der ein Luftschlauch befestigt ist, durch den Walspeck in die Körperhöhle. Ein Zischen zeigt an, dass Luft hineingepumpt wird.

Der Kadaver beginnt anzuschwellen, aufzutreiben, auf dem Wasser zu schwimmen. Die Lanze wird herausgezogen und die Wunde mit Werg abgedichtet, damit die Luft nicht wieder entweicht. Als Nächstes schlingt man ein Drahtseil um den kräftigen Schwanz und befestigt das Tier vorn an der *Star X*. Zwei Matrosen schneiden die Fluke ab, die wertlos ist und nur das Einholen erschweren würde.

Das alles geschah gerade zur richtigen Zeit, denn das wechselhafte antarktische Wetter schlug plötzlich um, und dichte Nebel senkten sich auf das Meer hinab.

Dann fing der Wind an zu pfeifen, und mit ihm kamen wirbelnde Schneeschauer. Die *Star X*, schwer beladen mit ihrer Beute, stürzte sich mutig in den aufkommenden Sturm. Die Sicht nach vorn war auf 18 Meter beschränkt, aber die Menschen an Bord sorgten sich nicht. Larsen ging in den Navigationsraum, betätigte ein paar Schalter, und schon konnte er mit dem Mutterschiff sprechen, um über Funk präzise Positions- und Kursangaben zu erhalten. So steuerten wir durch den Sturm, ständig auf der Hut vor Treibeis. Kapitän Jacobsen ging wieder in seine Kajüte, um sein Nickerchen fortzusetzen, aber ich war so fasziniert von dem Ganzen, dass ich wach blieb, obwohl ich schon seit 40 Stunden an Deck war.

Als wir Nebel und Schnee hinter uns ließen, bestätigte sich die Unfehlbarkeit der Orientierungshilfen. Die *Sir James Clark Ross* lag direkt vor uns. Beim Näherkommen ragte sie im Dunst vor uns auf wie ein unersättliches Monstrum, aus dem mit Schnee vermengtes Blut auf unsere Decks regnete.

Ich hatte über die Instrumente gestaunt, mit denen der menschliche Erfindergeist über die Launen der Natur und ihre größten Lebewesen triumphiert, aber noch mehr staunte ich, dass es dem Menschen nicht gelang, über das anscheinend noch mächtigere Monstrum in sich selbst zu siegen: sein Name lautet Gier.

In der letzten Woche unseres Aufenthalts auf Südgeorgien rundete ich meine Erfahrungen mit dem Walfang durch ein außergewöhnliches Erlebnis ab, das mir den ›Jonas-Orden‹ der Expedition einbrachte. Diese seltene Auszeichnung wurde für lustige Vorfälle und ungewöhnliche Fehltritte verliehen. Es handelte sich um eine riesige Ledermedaille, die auf der einen Seite zwei Wale zeigte, die sich in der himmelblauen See tummelten, und auf der anderen Seite die Einprägung ›Jonas‹ in Großbuchstaben trug.

Überreicht wurde der Orden zur allgemeinen Erheiterung während des Abschiedsessens, das die Walfänger für die Expeditionsmitglieder gaben. Die Lobrede nahm Bezug ›auf eine ähnliche Erfahrung, die ein hebräischer Prophet machte, als er, wie die Heilige Schrift berichtet, von einem Wal verschluckt wurde‹. Hier also die selten missliche Lage, in die ich geriet, oder besser gesagt rutschte.

Es passierte auf dem Weg zum Abendessen bei Kapitän Jacobsen. Die Nacht war außergewöhnlich finster, ein starker Wind wehte und es schneite. Die Matrosen hatten mich an Land gerudert und waren zur *Endurance* zurückgekehrt und ich ging im schwachen Schein meiner Sturmlampe an der Küste entlang zum ›Flensplatz‹, über den ich eine Abkürzung nehmen wollte. Auf halbem Wege fand ich die Sicht versperrt durch einen riesigen Kadaver, der erst kürzlich heraufgezogen worden war. Ich versuchte, um den Kopf herumzugehen, aber weil Flut herrschte und er zu tief im Wasser des überschwemmten Platzes lag, probierte ich es am Schwanzende. In dieser Richtung gab es zu viele

Abfälle, also beschloss ich, über das Hindernis hinwegzusteigen. Das war möglich, weil die Flenser mehrere kleine Leitern am Kadaver stehen gelassen hatten. Ich kam unbeschadet oben an, aber dann begann die Leiter zu rutschen, und bevor ich wusste, wie mir geschah, stürzte ich in etwas Weiches und schrecklich Klebriges. Die Lampe ging aus, und ich hatte keine Streichhölzer, deshalb konnte ich nicht sehen, wo ich mich befand – was vielleicht ganz gut war –, aber ich ahnte schon, dass ich buchstäblich im Bauch des Wales gelandet war. Die Flenser waren dabei gewesen, die gegenüberliegende Seite des Wals zu zerlegen, und der Abgrund, der sich dabei aufgetan hatte, war bei meinem Aufstieg nicht sichtbar gewesen. Ich empfand Ekel und Ärger, meine Lage war lächerlich, schrecklich komisch. Je heftiger ich darum kämpfte, freizukommen, desto schlimmer verhedderte ich mich und desto tiefer sank ich ein. Obwohl ich mein Missgeschick eigentlich nicht an die große Glocke hängen wollte, blieb mir schliesslich nichts anderes übrig, als um Hilfe zu rufen.

Nach mehrmaligen Hilfeschreien hörte ich das Geräusch von Fußtritten, dann wurde eine Lampe über die Öffnung gehalten, in deren Schein ich ein erstauntes Gesicht sah, das bei meinem Anblick einen norwegischen Fluch ausstieß. Das Gesicht verschwand und ich hörte, wie mein Retter davon eilte. Kurz darauf kam die halbe Fabrikbelegschaft mit Seilen und Lampen herbeigelaufen. Unter lautem Gelächter und wiederholten ›Jonas‹-Rufen wurde ich herausgezogen. Dreckig, wie ich war, fühlte ich mich auch wie der Prophet, aber nach einem heißen Bad und in sauberen Sachen konnte ich ebenfalls über das Missgeschick lachen, das, soweit ich weiß, außer mir nur noch einem Menschen zugestoßen ist – aber bei der Gelegenheit war der Wal noch lebendig.

Südgeorgien wird für uns, die wir Shackletons Männer waren, immer ein Hort der Erinnerung bleiben. Die Walfänger dort haben uns nicht nur zu Beginn der Expedition unterstützt, wie wir später noch sehen werden, eilten sie uns auch zur Hilfe, als wir im fernen Süden in elende Not gerieten.

In Grytviken gibt es eine kleine lutherische Kirche mit einem winzigen Friedhof, von dem aus man über die ruhige blaue Cumberland-Bucht schaut. Dahinter ragen die Berge auf, die Sir Ernest so liebte – die Berge, die er zwei Jahre später anging und bezwang, um seine schiffbrüchigen Kameraden auf der Elefanteninsel zu retten, die Berge, die als unvergängliches Denkmal der Natur an ihn erinnern.

Auf dem kleinen Friedhof gibt es einen Steinhügel, den Frank Wild mit eigenen Händen errichtete. Dort befindet sich der irdische Ruheplatz unseres geliebten Expeditionsleiters, der an Bord seines Schiffes *Quest* am 4. Januar 1922 bei seiner letzten Reise in die Antarktis starb.

4 *Das Meer der Leiden*

Das Eis war hier, das Eis war dort
und Eis rings um den Rumpf. –
Es stöhnt und sirrt und dröhnt und klirrt –
*doch wie geknebelt dumpf.**

COLERIDGE

Die Informationen, die wir auf Südgeorgien von den Kapitänen der Walfangschiffe bekommen hatten, deckten sich mit den Berichten der wenigen Expeditionen, die das Gebiet unserer geplanten Aktivitäten – das Weddell-Meer – bereits besucht hatten, und deuteten darauf hin, dass es vor lauter Eis praktisch unbeschiffbar war. Man behauptete, unsere Chancen, das äußerste Ende dieses Meeres zu erreichen, stünden nur 50 zu 50, und ebenso groß sei die Wahrscheinlichkeit, jemals wieder zurückzukommen. Pech und Unglück war den Schiffen beschieden gewesen, die versucht hatten, sich in diese unnahbare, eisgespickte Gegend vorzuwagen, die man ›Weddells weiße Hölle‹ getauft hatte. Wie wir noch am eigenen

* Übers. v. W. Breitwieser, aus: *William Wordsworth und Samuel Taylor Coleridge.* Heidelberg, 1959. – A. d. Ü.

Leib erfahren sollten, wussten die Walfänger genau, wovon sie sprachen.

Sir Ernest Shackleton beschloss, jede Vorsichtsmaßnahme zu treffen und nur kalkulierbare Risiken einzugehen, daher änderte er seine Pläne entsprechend. Er wollte die *Endurance* zu unserem geplanten Ziel an der südlichsten Grenze des Meeres bringen und, wenn ein geeigneter Ankerplatz gefunden werden konnte, das Schiff dort überwintern lassen. Damit wurde das doppelte Risiko vermieden, das mit einer Rückkehr zur Wiederaufnahme der Überwinterer verbunden war.

Nach Auskunft der Walfänger erstreckten die Eisfelder sich sehr weit nördlich bis zu den Südsandwich-Inseln, ein Hinweis darauf, dass die Bedingungen ungewöhnlich schlecht waren. Wenn ihre Angaben stimmten, musste die *Endurance* sich einen Weg durch mehr als 1600 Kilometer Packeis bahnen, um die erste Phase unserer Pläne abzuschließen.

Dann zählte jedes Pfund Kohle, das der Dampfer tragen konnte, und der Kleidervorrat musste auch noch entsprechend ergänzt werden. Glücklicherweise konnten wir die Kohle von der Station in Grytviken bekommen und die Kleidung aus den Läden der diversen Walfanggesellschaften.

Am 5. Dezember 1914 verließen wir Grytviken, begleitet von Abschiedsrufen, tutenden Fabrikpfeifen und Salven von Harpunenkanonenfeuer, dessen Echo noch in den Bergen nachhallte, bis wir die Ausläufer des Mount Dusie umrundet hatten und auf das offene Meer zuhielten. Draußen war das Wetter trübe, wie gewöhnlich, und die Wellen gingen hoch, aber der Wind stand gut. Wir setzten die Segel, der Maschinenraum bekam den Befehl ›Volle Kraft voraus‹, und das Schiff nahm Kurs Richtung Süden. Als wir aus dem Windschatten des Landes herauskamen, wurde der Wind stärker. Unter Dampf und Segel und mit einer schweren mitlaufenden See erwies sich unser voll beladenes Schiff als außerordentlich seetüchtig, es ritt stetig und sicher auf den Wellen, die nicht an Deck schlugen.

Die Wissenschaftler bildeten zusammen mit den Matrosen drei Wachen, die von Sir Ernest, Frank Wild und Kapitän Worsley geleitet wurden. Ihre Aufgaben reichten von Matrosenpflichten über Heiz- und Küchendienst bis zur Pflege der Hunde. Nach der Freiheit an Land und der reichlichen Fütterung mit Walfleisch konnten die Hunde sich nur schwer an ihr eingeschränktes Leben an Bord gewöhnen und wurden böse und streitsüchtig. Ein Kampf zwischen zwei Hunden – und solche Raufereien gab es häufig – reichte, um die ganze geifernde Meute in wilde Aufregung zu versetzen. Sie waren in Zwingern angekettet, die man vorn und hinten zu beiden Seiten des Hauptdecks angebracht hatte und in dem schmalen Raum dazwischen mussten wir uns vorsichtig bewegen, denn viele der Biester versuchten zu beißen; meist schnappten sie heimtückisch zu, wenn man gerade an ihnen vorbeigegangen war.

Nun können wir den ersten Abschnitt unseres Plans

vom Programm streichen und als ›befriedigend‹ verbuchen. Ich wende mich vom Kielwasser des Schiffes ab – die Eindrücke der letzten Zeit haben sich meinem Gedächtnis unauslöschlich eingeprägt – und dem Bug zu, der nun entschlossen durch die rauschenden Wellen pflügt, die uns der Zukunft und dem, was sie uns bringt, entgegenführen.

In diesen Gewässern trifft man keine anderen Schiffe. Hier ist ›der wilde Westwind Gottes Besen, der den Meeresboden reinfegt‹, oder das Meer zu gewaltigen Wellen türmt, die ungehindert von Landmassen um die ganze Erde zu jagen scheinen. Doch diese sturmumtosten Breiten, dem Menschen gegenüber so gnadenlos ungastlich, sind das Reich zahlreicher Vögel und Meerestiere. Bei ihrer unaufhörlichen Suche nach Nahrung flattern und kreisen diese Wandervögel auch um die *Endurance* herum. Dabei wetteifern die eleganten kleineren Albatrosse mit ihren großen Vettern um den schönsten Flugstil. Diese wunderbaren Geschöpfe können eine Flügelspannweite von drei Metern erreichen und sind wahrlich die Herrscher der Lüfte. Sie gleiten auf geschmeidigen, ausgebreiteten Schwingen dahin, die sie nur selten auf und nieder schlagen, und fast unmerklich sind die Bewegungen, mit denen sie die Balance halten oder ein Manöver ausführen. Unermüdlich folgen sie dem Schiff, Tag für Tag, stets bereit, sich auf Abfälle zu stürzen, die über Bord geworfen werden. Schwimmende Überreste kommen kaum über die Gilling hinaus, bevor die Vögel sie schnappen. Für einen kurzen Moment halten sie inne, um genauer hinzuschauen, ziehen ihre Flügel leicht zurück und stürzen dann hastig darauf zu. Kaum lassen sie sich irgendwo auf dem Wasser nieder, da haben sie ihre Beute auch schon heißhungrig verschlungen. Andere Vögel, die ihre Rivalen herabstoßen sehen, eilen voller Vorfreude herbei, kommen aber unweigerlich knapp zu spät. Dann halten alle gemeinsam dümpelnd Rat, zweifellos um über das Essen zu zanken, ohne sich um das Auf und Ab der Wellen zu kümmern. Wenn das Schiff weit vorauseilt, nehmen sie die Verfolgung wieder auf. Das geschieht auf höchst interessante Weise. Wenn sie oben auf einen Wellenkamm gehoben werden, breiten die Vögel schnell die Flügel aus und stürzen sich hastig in den Wind, dabei benutzen sie ihre Schwimmfüße, um die Welle ›herunterzulaufen‹, bis sie ihre Abhebegeschwindigkeit erreicht haben.

Mit dieser Beobachtung ist die Geschichte ein paar hundert Meilen südlich von Südgeorgien angelangt, wo wir auf das erste Eis treffen. Ein kolossaler Berg kommt in Sicht, der wie eine Insel aus Marmor glänzt, umgeben von indigoblauem Wasser. Saphirfarbene Wogen kräuseln sich an seinem grün schimmernden Saum, und wenn sie brechen, schicken sie einen glitzernden Sprühregen hoch hinauf zu seinen weißen Klippen.

Zwei Tage nach unser Abfahrt aus Grytviken erreichten wir die Südsandwich-Inseln, bei Sonnenuntergang befanden wir uns auf der Höhe von Candlemas. Ein Packeisgürtel umgab die wolkenverhangenen Küsten. Das undurchdringliche Packeis hinderte uns daran, an diesen wenig bekannten Vulkaninseln zu landen.

Gelegentlich riss der Nebel auf und gewährte schöne Ausblicke auf schneebedeckte Höhen und steile Abhänge aus schwarzem Stein – die letzten Steine, die wir in den nächsten 16 Monaten zu Gesicht bekommen sollten. Um 10 Uhr nachts wurden wir zum ersten Mal auf die Probe gestellt – unsere erste tatsächliche Begegnung mit dem Eis. Das war beunruhigend, denn wir hatten gehofft, noch mindestens 200 Meilen eisfreie Strecke vor uns zu haben. Wir holten die Segel ein, und da es sich nur um einen schmalen Packeisgürtel zu handeln schien, dampften wir auf der Suche nach einer Öffnung am Rande entlang.

Die Dünung schlug an die Eiskante, die dabei zerbrach und grimmig knirschte. Die Bedingungen waren viel zu gefährlich, um den Versuch zu wagen, eine Passage zu erzwingen. Das Donnern der Brandung und das Getöse der widerstreitenden Naturgewalten schien uns auf schicksalhafte Weise davor warnen zu wollen, in den Bereich des Weddell-Meeres einzudringen.

»Nun kamen beide: Dunst und Schnee, ’s ward grausig kalt mit eins.« Als wir durch das Schneegestöber auf die grauen Nebelvorhänge schauten, die aus dem Süden heranwallten, fühlten wir uns wie die Argonauten, die bei ihrer Suche bis an den Rand der Welt geraten waren. Langsam tasteten wir uns voran, staunend und erwartungsvoll. Das Wetter besserte sich, und die See wurde ruhiger. Drei Tage fuhren wir an der äußeren

Eiskante entlang, die immer weiter nach Osten führte, und da es dort so aussah, als würde das Eis dünner werden, richteten wir den Bug des Schiffes gen Süden und machten uns wild entschlossen an die Eroberung des Weddell-Meeres.

In den folgenden fünf Wochen suchten wir einen Weg durch eisstarrende Gewässer, indem wir uns vorsichtig durch schmale Rinnen schlängelten oder uns Meter um Meter durch hartnäckige Eisfelder kämpften. Die Durchfahrt gelang nur durch das Zusammenwirken ausgeklügelter Navigation, hoher Seemannskunst und motorisierter Taktik. Das Schiff wurde zu einem schwimmenden Rammbock. Das Problem bestand darin, auf kürzestem Wege einen bestimmten Punkt zu erreichen, ohne durch das Rammen des Eises unnötig viel Kohle zu verbrauchen und ohne das Schiff in die Gefahr zu bringen, zwischen den Eisschollen eingeklemmt zu werden.

Obwohl unser Abenteuer kaum begonnen hatte, waren wir bereits in eine gefährliche und wundersame Welt eingetaucht. Vom Krähennest am hinteren Hauptmast fiel der Blick auf eine riesige, unwirtliche Wüste – eine gewaltige und verwirrende Szenerie. Von einem Horizont zum anderen erstreckte sich die See wie eine unendliche Ebene voller glänzender, unregelmäßiger Eispartien, ähnlich einem riesigen Puzzle aus Teilen, deren Größe von ein paar Quadratmetern bis zu mehreren Quadratkilometern reichen konnte. Getrennt wurden sie durch die endlosen Verästelungen eines Labyrinths von Wasserrinnen und Becken. Jede dieser Rinnen war eine verräterische Falle, die auseinander klaffte wie ein Riesenschlund, der allzeit bereit war, sich zu schließen und den Eindringling zu zerquetschen.

Wenn man vom Heck des Schiffes aus in die Sonne schaute, formten die Rinnen ein Gewirr von Wasserstraßen – silberne Ketten zwischen schimmernden Seen, wie Juwelen auf dem Busen der Natur. Doch wechselhaft sind in diesen Breiten die Launen der Dame! Ihr bezauberndes Lächeln verwandelt sich binnen weniger Minuten in eine teuflische Fratze. In weniger als einer Stunde konnten drohende Wolken den Himmel überziehen, und der Schneesturm, der dann mit fürchterlicher Kraft lostobte, versetzte das Packeis in donnernde Bewegung, ließ tausende Quadratkilometer Eis nordwärts treiben und Millionen von Eisschollen aneinander stoßen. Gnade dem Schiff, das in diesem verheerenden Tumult gefangen war.

Schauen wir zu, wie das Schiff durch das trügerische Labyrinth gesteuert wird. Von oben gesehen ähnelt unser Gefährt einem großen Keil. Kapitän Worsley steht auf der Brücke, eine Hand am Maschinentelegraf zum Maschinenraum, die andere an einem Semaphor, über den der Mann am Steuer seine Befehle bekommt. Die Rinne, durch die wir dampfen, ist schmal und gewunden. Worsley signalisiert die Richtung, der Steuermann reagiert sofort und wir gleiten hindurch. Immer wieder verengt sich die Rinne oder ist ganz blockiert durch eine undurchdringliche Eisscholle von fast zwei Kilometern Breite. Wenn die Scholle weniger als einen Meter dick ist, kann die *Endurance* sie rammen und sich ihren Weg erzwingen.

Gerade kommt unser Gefährt an ein solches Hindernis. Worsley sucht die scheinbar schwächste Stelle als Angriffspunkt aus. »Volle Kraft voraus!« lautet das Kommando an den Maschinenraum. Die Maschinen dröhnen, und das Schiff nimmt schnell Fahrt auf. Festhalten, gleich kracht's! Es gibt eine gewaltige Kollision, so als wären wir auf ein Riff gelaufen. Das Schiff kommt zum Stillstand. Sein massiver Bug schiebt sich fast gänzlich vom Wasser auf das Eis. Dann, wie benommen von der Wucht des Zusammenstoßes, gleitet es langsam zurück und schaukelt von einer Seite auf die andere. Der stahlbeschlagene Kiel hat der Eisscholle eine tiefe Wunde geschlagen, aber sie gibt nicht nach. Wir müssen es noch einmal versuchen; wir setzen zurück und bereiten uns auf einen neuen Angriff vor. Diesmal zielt der Bug des Schiffes mit aller Kraft direkt in das ›V‹. Von der heftigen Erschütterung sind die Hunde erwacht, die jetzt bellend ihr Interesse am Geschehen bekunden. Noch einmal nehmen wir Anlauf, um uns Bahn zu brechen. Der Steuermann lässt kein Auge vom Semaphor. Man fragt sich, ob das Schiff die Scholle oder die Scholle das Schiff sprengen wird. Ängstlich stehen wir da und warten. Wieder erhält die Scholle einen 500 Tonnen-Schlag durch unseren keilförmigen Kiel. Das Schiff schwankt beim Ansturm – ein spannunsgeladener Moment – und dann erscheint zu unserer Freude ein dunkler Riss unter dem Bug, der in einer Zickzacklinie einmal quer durch die ganze Scholle verläuft. Ein großartiger Anblick!

Die Maschinen dröhnen und der schlanke Bug schiebt sich in die Rinne. Aber nicht immer gelingt es uns, so schnell eine Durchfahrt zu erzwingen. Manchmal sind die Schollen so dick, dass alles Rammen umsonst ist. Dann ist es das Beste, das Schiff an einem kleinen Eisberg festzumachen und abzuwarten, bis Wind und Gezeiten die Eisschollen auseinander treiben.

Je südlicher wir kamen, desto dichter wurde das Eis. Die großen Eisplatten wichen schwimmenden Eisinseln, die sich unter ungeheurem Druck verzerrt und verbogen hatten. Wir beobachteten diese Veränderungen mit Sorge und fragten uns kleinlaut, ob die Kraft, die drei Meter dickes Eis zu Pulver zermahlen konnte, wohl auch unser kleines hölzernes Schiff zermalmen würde.

Als das Interesse an unserer neuen Umgebung und unserer Fortbewegungsart erlahmte, störten uns diese ärgerlichen Verzögerungen. Die Jahreszeit schritt schnell voran, und wir hatten einen Berg von Arbeit vor uns.

Die Weihnachtsvorbereitungen sorgten für Spaß und Abwechslung – insbesondere da wir noch vor dem Mittag ausgezeichnete 71 Meilen schafften. Zur Feier des Tages hatten wir die Offiziersmesse geschmückt und die Tischdecken ›gewendet‹. Das Festessen stammte hauptsächlich aus Dosen; es bestand aus Mockturtle-Suppe, gebratenem Fisch, geschmortem Hasen, Weihnachtspudding, gefüllter Pastete, Dessert und kandierten Früchten.

Nach dem Essen schauten ein paar Gäste vorbei: eine Schar Adélie-Pinguine watschelte von einer benachbarten Scholle herüber, um unser Schiff zu begutachten. Hussey unterhielt sie vom Heck aus mit seinem Banjo. Den Vögeln schien die Musik zu gefallen, und manchmal gingen sie so weit, ›Clark – Clark‹ zu krächzen. Clark war unser Biologe, und wir hatten unseren Spaß daran, dass die Pinguine nach ihm zu rufen schienen. Clark, ein patriotischer Schotte, versuchte, unsere kleinen Gäste mit Liedern aus seiner Heimat zu unterhalten, doch sein freundliches Ansinnen stieß auf wenig Gegenliebe; als die Pinguine die Dudelsackmusik hörten, flüchteten sie voller Entsetzen kopfüber ins Meer. Später am Nachmittag marschierte eine Prozession wunderschöner Kaiserpinguine gemessenen Schrittes auf unser Schiff zu. Als sie uns bemerkten, steckten diese seltsamen Geschöpfe die Köpfe zusammen und verneigten sich mehrfach auf sehr menschliche Weise. Wir sollten noch feststellen, dass sie diese Höflichkeit auch untereinander und selbst ihren kleinen Vettern, den Adélie-Pinguinen, gegenüber an den Tag legten.

Den Neujahrstag 1915 begrüßte ich am Steuer, es war kalt und es schneite. Eine fröhliche Runde versammelte sich auf der Brücke, um mit der Schiffsglocke ›das alte Jahr aus- und das neue einzuläuten‹, dann reichten sich alle die Hand und sangen lauthals ›Auld Lang Syne‹, ein traditionelles Lied, das unsere 60 Hunde mit ihrem kläglichen Geheul untermalten.

Das neue Jahr ließ sich gut an. Wir hatten die längste Strecke seit unserem Eintritt in das Packeis geschafft – 120 Meilen in 24 Stunden. Die Aussichten besserten sich. Wenn das so weiterging, würde unser Ziel bald in Sichtweite kommen.

Der 10. Januar war ein besonderer Tag. Wir erreichten Coats-Land, das 1904 bei der Scotia-Expedition von Dr. W. S. Bruce entdeckt wurde. Das ›Land‹ war eigentlich eine Steilküste aus purem Eis, die über 20 Meter hoch aus dem Meer ragte und sich nach Südwesten erstreckte. Eine leichte Brise wehte ständig vom Land herab und bewirkte, dass das Eis von der Küste weggetrieben wurde und eine breite ›Land-Wasser‹-Straße offen blieb.

Als wir durch diese imposante Wasserstraße fuhren, sahen wir zahlreiche Robben, die im Wasser spielten und sich windwärts auf dem Packeis räkelten. Riesige Schwärme von mehreren hundert Robben verfolgten das Schiff und unterhielten uns mit ihren wunderbaren Späßen; sie sprangen und tauchten, schwammen um die Wette und tummelten sich wie Delfine. Dann drehten sie uns den Rücken zu und machten sich Richtung Norden davon. Die Abwanderung der Robben gemahnte uns daran, dass der Winter bevorstand. Sie eilten nordwärts, um sich in Sicherheit zu bringen, bevor die Wasserstraßen zufroren und das Packeis sich in ein riesiges, undurchdringliches Leichentuch aus Eis verwandelte.

Am 16. Januar segelten wir an einem majestätischen Gletscher entlang, dem Sir Ernest den Namen ›Caird-Küste‹ gab, zu Ehren von Sir James Caird, einem großzügigen Sponsor unserer Expedition. Ungeheure Eiswände stiegen senkrecht auf bis zu einer Höhe von mehr als 600 Meter über dem Meeresspiegel und führten von dort allmählich aufwärts ins Hinterland, das wir auf ungefähr 900 Meter Höhe schätzten. Die Eisdecke wirkte öde und abweisend und war von unüberbrückbaren Gletscherspalten durchzogen. Kein noch so winziges Stück Fels war zu sehen. Wir kamen an einer großen Bucht vorbei, in der das Eis flach ins Wasser abfiel, so dass es möglich gewesen wäre, dort eine Basisstation zu errichten, aber angesichts der riesigen Entfernung, die bei der geplanten transkontinentalen Schlittenreise überbrückt werden musste, beschloss der Boss, es noch etwas weiter südlich zu versuchen. Am Mittag befanden wir uns auf 76,27 Grad südlicher Breite und 28,51 westlicher Länge – was bedeutete, dass wir in den letzten 24 Stunden bemerkenswerte 124 Meilen zurückgelegt hatten.

Nach dieser tollen Fahrt wurden wir von einem Schneesturm aufgehalten, vor dem wir uns hinter einem aufgelaufenen Eisberg versteckten. So fing das Elend an. Als der Sturm vorbei und die Luft wieder rein war, bot sich ein seltsamer Anblick. Der Wind hatte nicht nur die Bucht vor uns mit Eis gefüllt, sondern auch auf dem gesamten Meer das Packeis dicht an dicht gedrängt.

Mit viel Mühe gelang es uns, am 18. Januar ein paar Meilen zu gewinnen, aber der Wind, der scharf aus Nordosten blies, trieb das Eis vor sich her und verstopfte damit die Bucht an der Spitze des Weddell-Meeres. So weit das Auge reichte war rundherum nirgendwo Wasser zu sehen. Das Schiff steckte fest, ein hilfloses Stückchen Holz, das ohnmächtig mit dem Packeis trieb.

Am 22. waren die sanft ansteigenden Hänge des Inlandeises etwa 20 Meilen weiter südlich deutlich zu erkennen. Wir steckten in der Klemme. Die Eisbrocken froren schnell zusammen, und wir konnten absolut nichts tun, um unser Schiff zu befreien. Uns blieb nichts anderes übrig, als geduldig auf einen südlichen Wind zu warten, der hoffentlich das Packeis auseinander treiben würde. Nur zwei Stunden Fahrt durch offenes Wasser, und wir hätten unser Ziel erreicht.

5 *Im Griff des Packeises*

Aus wessen Schoß geht das Eis hervor,
und wer hat den Reif unter dem Himmel gezeugt,
dass Wasser sich zusammenzieht wie Stein
und der Wasserspiegel gefriert?

In der nächsten Nacht, am 23. Januar 1915, kletterte ich um Mitternacht in das Krähennest oben am Hauptmast. Die hell leuchtende Mitternachtssonne warf die Schatten unseres Schiffes auf den Schnee. Wir waren der einzige schwarze Fleck in diesem glitzernden weißen Eispanorama, das sich bis zum Horizont erstreckte.

Kein Windhauch regte sich, die Luft war wunderbar mild und ich stand allein dort oben in der durchdringenden Stille und der endlosen Weite. Da wurde mir bewusst, dass unser Schiff hilflos und wir völlig bedeutungslos waren. Der Wille, der den Menschen zum Herrscher und König macht, richtet hier nichts aus. Der Wind, der die Schneeflocken wiegt, die kleinen Wellen, die sich in den Wasserrinnen kräuseln, die winzigen Kristalle, die zu unzähligen Millionen diese glänzende Eiswelt schaffen, stehen allesamt dem Wort und dem Willen des Menschen gleichgültig gegenüber. Und wenn aus dieser kühlen Ruhe ein rasender Schneesturm mit schäumenden Wogen und treibendem Packeis wird, kann ein schwacher Mensch von der Erkenntnis seiner absoluten Ohnmacht geradezu überwältigt werden.

Wir klammerten uns an eine letzte Hoffnung – dass sich das Land, das ich von meinem Ausguck aus immer noch sehen konnte, in mehreren Gewaltmärschen über das Packeis erreichen ließe. Zur Vorbereitung wurde schon einmal der Motorschlitten zusammengebaut und auf dem Eis ausprobiert. Er erwies sich jedoch als unbrauchbar, da er auf so rauem Untergrund nicht vorwärts kam. In Sichtweite unseres Zieles im Eis gefangen zu sein, war eine bittere Enttäuschung. Immer wieder suchten unsere Augen das Land, nach dem wir uns so sehnten, es verdross uns, dass es so nah und doch so unerreichbar war. Eine sorgfältige Untersuchung des Eises ergab, dass der Versuch, die Reise mit Hundeschlitten oder zu Fuß zu wagen, einem Selbstmord gleichkäme, denn die Oberfläche war absolut unpassierbar. Als dann die Strömungen und Winde das im Eis gefangene Schiff nach Norden trieben und die Küste immer weiter zurückblieb, gaben wir die Hoffnung auf, in jener Saison noch an Land zu kommen. Trotzdem verzweifelten wir nicht, wir blickten optimistisch in die Zukunft und hofften, dass das Eis uns schnell aufs offene Meer tragen würde. Sobald sie wieder frei war, wollte die *Endurance* nach Südgeorgien zurückkehren, und dann nach einer Überholung einen neuen Versuch starten. Aber die Hoffnung, wieder flott zu kommen, schwand mit jedem Tag mehr, und langsam begriffen wir, dass die offene See ebenso unerreichbar blieb wie das Land. Wir befanden uns in einer Lage, die uns und unserem Schiff alles abverlangen würde. Ende Januar richteten wir uns so gut es ging auf die trüben Aussichten ein, die Herbst und Winter uns boten.

Ein aufregendes Ereignis unterbrach die Monotonie des ersten Monats. Beim Mittagessen am 25. Februar wurden wir von einem gewaltigen Stoß überrascht. Alle Mann rannten an Deck und stellten fest, dass die Eisscholle, in der unser Schiff gefangen lag, direkt unter dem Schiff entzweigebrochen war. Dieser Anblick brachte uns zum Jubeln, aber wir hatten uns zu früh gefreut, denn das Eis schloss sich wieder, und wir steckten in derselben Falle wie zuvor. 250 Meter vor uns gab es allerdings noch eine ausreichend breite Wasserrinne, und so beschloss Sir Ernest, einen letzten verzweifelten Versuch zu wagen, unsere eisigen Fesseln abzustreifen. Alle stürzten sich mit Pickeln, Meißeln und Sägen bewaffnet auf das Eis.

In meinem Eifer, diese Anstrengungen und den Kampf des Schiffes mit dem Eis im Bild festzuhalten, wäre ich fast zu Tode gequetscht worden. Ich stand mit der wasserdicht verpackten Kamera auf einer kleinen Eisscholle, die direkt auf dem Kurs des Schiffes lag. Mein Drehbuch sah vor, das Schiff beim Angriff zu zeigen, und dann ein paar Sekunden vor dem Aufprall mit der Kamera zur Seite zu springen. ›Ein Bild zu schießen‹, während das Schiff auf meine Scholle losdampfte, war ganz schön aufregend. Im Sucher wurde es größer und größer. Noch zwei Sekunden, dann musste ich springen. Aber ich tat es nicht, denn bevor ich dazu kam, gab es eine heftige Erschütterung, ich stürzte in den matschigen Eisbrei, und das Schiff fuhr fast über mich hinweg. Die *Endurance* war durch eine unterseeische Eiszunge vom Kurs abgekommen und hatte die Scholle, auf der ich stand, zerbrochen. Es war pures Glück, dass weder mir noch meiner Kamera bei dem Zusammenprall und dem unfreiwilligen Bad etwas passierte, und das Foto, das ich auf diese Weise erhielt, war die Mühe wert.

Zwei Tage und Nächte versuchten wir alles Menschenmögliche, um das Schiff freizuhacken; aber die Temperaturen fielen immer weiter, das zerschlagene Eis fror erneut zusammen, und es stand schlimmer um uns als zuvor.

Obwohl dieses Schicksal uns schon seit einiger Zeit schwante, gestanden wir es erst Ende Februar offiziell ein: Wir waren im Eis gefangen. Am 24. wurde die Schiffsroutine formell eingestellt. Alle Mann bekamen neue Aufgaben. In alphabetischer Reihenfolge wechselten wir uns bei der Nachtwache ab, die von acht Uhr abends bis acht Uhr morgens dauerte; in dieser Zeit hatte man die Verantwortung für die Sicherheit des Schiffes, für das Heizen der Öfen und für die meteorologischen Aufzeichnungen. Das Schiff war jetzt kein

›nautisches Gefährt‹ mehr, sondern eine treibende Küstenstation. Nach dem neuen Dienstplan lebten wir volle acht Monate, erst am 24. Oktober 1915 wurde die *Endurance* erneut zum Schiff, und wir nahmen die Deckwachen wieder auf.

Die Umstellung begann damit, dass wir zunächst alle Hunde in Iglus unterbrachten, die in einem großen Kreis rund um das Schiff herum auf dem Eis angeordnet waren – ihre Begeisterung war groß. Diese Zwinger wurden von den Männer ›Hunglus‹ getauft. Ein paar zart besaitete Crewmitglieder flochten Strohmatten für die Hunde, was sie ausgesprochen freute; sie machten alles Mögliche damit, außer auf ihnen zu schlafen.

Als Nächstes schufen wir Platz im Hauptladeraum, indem wir alle Vorräte und Frachtstücke hinausschafften. Dann errichteten wir an Steuerbord und Backbord eine Reihe von Verschlägen, so dass in der Mitte noch Platz blieb für den Messetisch. Der Ofen, der für die Heizung sorgen sollte, erhielt einen Platz im hinteren Teil. Das neue Quartier wurde ›das Ritz‹ getauft, und die Bewohner – zwei in jeder Kabine, außer in der mittleren, die sich Dr. Macklin, McIlroy, Hussey und ich teilten – gaben ihren Unterkünften so fantasievolle Namen wie ›Der Ankerplatz‹, ›Alter Stinkstiefel‹, ›Die Wikinger‹, ›Der Giftschrank‹ – unsere eigene hieß ›Billabong‹. Aus der Offiziersmesse wurde ebenfalls eine Doppelkajüte, die den Namen ›Die Stallungen‹ bekam und von Wild, Crean, Marston und Kapitän Worsley bewohnt wurde. Sir Ernest blieb in seiner ursprünglichen Kabine achtern, und wenn sein bullernder Ofen einmal nicht so gut heizte wie üblich – zum Beispiel wenn irgendein Pechvogel statt einer Schaufel Kohle versehentlich ein Stück Eis hineingeworfen hatte – stieg die Temperatur in der unmittelbaren Umgebung schon aufgrund seiner hitzigen Kommentare wieder um mehrere Grade. Bau und Ausstattung der kaum zwei Meter großen Schlafräume entwickelten sich zu einem interessanten Wettstreit, und die Vorzüge der jeweiligen Unterkunft, der Unterhaltungswert der Mitbewohner und unsere guten und schlechten Charaktereigenschaften boten in den folgenden Monaten ausreichend Stoff für unendliche Debatten. Das ›Ritz‹ war ein schlichtes Quartier, in dem man die Konstruktion des Schiffes studieren konnte – es wurde gar nicht erst versucht, die kräftigen Rippen und die dicken Spanten zu verstecken –, dennoch gab es ein gemütliches Heim ab und war viel komfortabler als eine Hütte, obwohl wir am Ende denselben Preis bezahlten wie der Mann in der Bibel, der sein Haus auf Sand baute, denn unser Heim ruhte auf noch schwankenderem Grund.

In der Zwischenzeit hatten die Matrosen sich ›an Land‹ damit beschäftigt, das Schiff mit kleinen Schneehügeln zu umgeben, die sie dann mit einem Drahtseil verbanden. Das sollte als Wegweiser für diejenigen dienen, die sich in der winterlichen Dunkelheit oder bei Nebel und Sturm vom Schiff entfernten. Die Hügel wiesen auch den Weg zu der Wasserrinne vor uns, eine Route, die wir ›Pylonenweg‹

tauften; später kam noch der ›Khaiber-Pass‹ als Orientierungspunkt hinzu.

Durch unsere Pflichten und Freizeitaktivitäten gestaltete sich das Leben an Bord recht abwechslungsreich. Solange das Licht ausreichte, spielten wir auf dem Eis Rugby und Hockey, so hatten wir ein bisschen Spaß und blieben einigermaßen in Form. Die Arbeit wurde aufgeteilt, und obwohl die wissenschaftliche Betätigung natürlich eingeschränkt war, gab es viel zu tun, insbesondere für den Fotografen, dessen Dienste für die Überlieferung an die Nachwelt überall verlangt wurden. Auf diesem meinem Spezialgebiet hatte ich uneingeschränkte gestalterische Möglichkeiten. Die Eisdecke, die sich Tausende von Kilometern nach Norden erstreckte, änderte sich ständig. Die darin gefangenen Eisblöcke, verzerrt aufragend in jeder nur vorstellbaren phantastischen Form, boten eine grenzenlose Auswahl an Motiven. Auffälligere Eiszinnen und ungewöhnliche Formationen bekamen einen passenden Namen und wurden fotografiert. Mehrere Eisberge, die vorübergehend im Packeis stecken geblieben waren und zunächst als Objekte faszinierten, wurden später zu ernsten Gefahren. Diese gigantischen Massen, die von Meeresströmungen getrieben wurden, rückten unaufhaltsam voran und bahnten sich ihren Weg durch die Eisfelder; bei einer Gelegenheit wäre unser Schicksal fast besiegelt gewesen, wenn nicht – dieses eine Mal glücklicherweise – ein Sturm aufgekommen wäre, der Eis zwischen uns schob.

Das Schiff selbst wurde zu einem Bindeglied zwischen der riesigen, leblosen Einsamkeit des Südens und dem von Menschen belebten Norden. Es war für uns alle ein Symbol, doch für mich war es von besonderem Interesse, denn als Bestandteil einer Bildkomposition war es unschätzbar, da es auf so manchem Foto einen interessanten Bezugspunkt für die Perspektive und den Vergleich abgab. Außerdem lieferte das Schiff an sich schon genug Stoff zum Nachdenken. Im Laufe der Zeit wurde immer deutlicher, dass es zum Tode verurteilt war. Ich entwickelte den Ehrgeiz, einige Fotos von der *Endurance* zu machen, die überdauern würden, und verbrachte Wochen damit, sie aus allen Blickwinkeln zu studieren. Jedes Mal präsentierte sie sich anders. Sie war in der Tat eine Dame mit unendlich vielen Gesichtern. Aber vielleicht sah sie doch am schönsten aus, wenn das Mondlicht ihre pechschwarze Silhouette hervortreten ließ und sie in ein Märchenschiff verwandelte. Während der Wintermonate, in denen wir 90 Tage lang keinen Sonnenstrahl zu Gesicht bekamen und alles in Eis erstarrt war, machte ich bei minus 57 Grad Celsius eine Reihe von Blitzlichtaufnahmen.

Mittlerweile war der Himmel bei Tag ein erhabener Anblick. Manchmal funkelte das Himmelsgewölbe wie eine schillernde Muschel, in der einer glänzenden Perle gleich die nebelverhangene Sonne ruhte. An anderen Tagen glich der Himmel einem Regenbogen, in dem gleißende Nebensonnen flammten, und voller Inbrunst und Begeisterung meinte man: »Das ist nicht von dieser Welt, das ist himmlisch.« Und kurz bevor die Sonne endgültig unterging und die lange Polarnacht begann, gab es einen Tag, an dem das Eis sich in breiten Rissen auftat und das Meer bloßlegte. Die extrem kalte Luft traf auf das relativ warme Meerwasser und setzte einen Kondensationsprozess in Gang. Riesige dunkle Dunstwolken stiegen vom Wasser himmelwärts, wie aus einem kochenden See. Diese Nebel verdichteten sich zu Kristallen, die als schimmernde Schauer vom klaren blauen Himmel fielen – ein Juwelenregen. Die Sonne brach sich in den glitzernden Tropfen, und große Regenbögen umspannten den Himmel. Der Kristallregen bedeckte das Packeis und das Schiff, bis es aussah wie eine mondäne Schönheit auf einem Bett aus Diamanten.

Uns faszinierte nicht nur die Betrachtung der grenzenlosen Eiswüste, die von der Sonne mit Scharlachrot, Purpur und Gold überzogen wurde; der Morgenröte, die in Rosa, Magenta und Lila erglühte; der Sterne, die wie Himmelslichter vom durchsichtigen Himmel strahlten und die unendliche Weite erleuchteten, die uns umgab. Auch in den kleinen Dingen um uns herum gab es viel zu entdecken – selbst noch in den winzigsten Kristallen. Dinge, die mit bloßem Auge gar nicht zu erkennen waren, entpuppten sich unter dem Mikroskop als ganz eigene Welten – Welten, die der allmächtige Schöpfer mit derselben Akribie und Liebe gestaltet hat wie unser Universum.

In den Nächten, die länger und länger wurden, sorgten wir oft selber für Unterhaltung. Zuerst erwies sich das Grammofon als Gottesgeschenk. So manche Stunde lagen wir in unseren Kojen und lauschten seiner Musik. Die Melodien riefen Erinnerungen an vergangene Tage wach; wir fragten uns, wann wir sie wohl wieder hören würden. Seltsamerweise fiel die ›sprechende Maschine‹ einer jener abergläubischen Vorstellungen zum Opfer, die Menschen in ungewöhnlichen Situationen so leicht entwickeln. Nach einiger Zeit bemerkten einige, dass mit dem Einsetzen der Musik auch die Eispressung begann und das Schiff anfing zu zittern und zu ächzen. Der Grund dafür war, dass die Pressung in regelmäßigen Abständen wiederkehrte, aber nichts konnte gewisse Besatzungsmitglieder davon abbringen, dass die Musik die Elemente in Wallung brachte und die Pressung herbeiführte. Dieser Aberglaube verbreitete sich derart, dass das Grammophon schließlich verbannt wurde. Als das Schiff zerbrach, wurde das Gerät zufällig oben auf den Trümmerhaufen gespült, und dort blieb es auch, als wir uns auf die Eisscholle retteten, denn niemand machte Anstalten, es mitzunehmen.

Geburtstage wurden selbstverständlich gebührend gefeiert, aber unser ehrgeizigstes Unterhaltungsprogramm stellten wir für den 22. Juni 1915 zusammen, zur Feier der Wintersonnenwende. Wir bekamen sogar ein paar Tage frei. Nach einem ausgezeichneten Frühstück und Mittagessen trafen wir uns zu einem festlichen Abendessen und gingen anschließend alle zum Umziehen in unsere Kammern. Ich baute eine

Bühne mit Acetylen-Rampenlichtern und schmückte sie mit Fähnchen. Sir Ernest eröffnete den Abend mit einer satirischen Ansprache, die schlagfertig erwidert wurde von Reverend Dr. Bubblinglove (Lees). Eine Ouvertüre, ›Discord Fantasia‹ in As-Dur, gespielt von der ›Billabong‹-Band, brachte das Publikum in Stimmung, was die Band geschickt dazu nutzte, sich zurückzuziehen. Rickinson gab eine tolle Vorstellung als Bardame, und McIlroy als fröhliche Grisette stank nach Parfüm und trug eine Perücke aus Werg. Greenstreet hatte großen Erfolg als verwegener ›Wikinger‹. James' humorige Ausführungen über Kalorien, die er in breitem irischem Dialekt vortrug, erntete lauten Applaus. Marston war als Bauer einfach umwerfend. Das Programm hatte ungefähr 30 Punkte und endete mit ›God Save the King‹ und ›Auld Lang Syne‹.

Ich sollte vielleicht erwähnen, dass wir zu der Zeit pro Tag nur zwei Stunden sehr schwaches Dämmerlicht hatten, bei dem wir Sterne der fünften Größe sehen konnten; unser Schiff war umschlossen von einem gefrorenen Meer, das erst 900 Meilen weiter nördlich wieder freilag. Das Wasser unter uns war ca. 600 Meter tief.

Auch die persönlichen Hobbies sorgten für Zeitvertreib. Unsere Bücherei war recht umfangreich und gut sortiert. Beim Würfel- und Kartenspiel gingen auf dem Papier Unsummen verloren. Die tägliche Routine und die nächtlichen Pflichten fasste ich in meinem Tagebuch folgendermaßen zusammen:

Ich hatte die Nachtwache. Zu meinen Aufgaben gehörte es, den Ofen im Ritz zu schüren, die Stallungen zu heizen und beim Boss, der ganz hinten wohnt, für gleichmäßige Wärme zu sorgen. Letzteres ist eine schwierige Aufgabe, denn seine Kajüte ist ziemlich klein. Die Temperatur darin liegt entweder bei 32 Grad Celsius oder weit unter dem Gefrierpunkt, je nach dem Wind, der großen Einfluss darauf hat, wie der Ofen zieht. Sir Ernests Laune schwankt mit der Raumtemperatur. Manchmal weckt die Nachtwache Freunde, die sich dann mit an den Ofen setzen, wo man sich leise unterhält und sich die Sonderrationen für die Nachtwache teilt, als da wären Sardinen auf Toast – sehr beliebt –, gerösteter Zwieback und Kakao oder Tee. Oftmals wird auch eine eigens für diese Gelegenheit aufbewahrte ›Prämie‹ angeboten, die von den Besuchern, den so genannten ›Geistern‹, gern angenommen wird. Antreten heißt es um 8 Uhr 30.

In den sechs Monaten, in denen wir von den Eisschollen aufgehalten wurden, war das Wetter insgesamt recht gut; im Vergleich mit dem Klima auf Adélie-Land war es sogar wunderbar, obwohl es auch diesmal gelegentlich Schneestürme gab. Die Temperatur fiel bis auf minus 57 Grad Celsius, und diejenigen, die bei der Arbeit mit Wasser in Berührung kamen, hatten rissige Finger und Erfrierungen an den Händen. Aber im Schutze unseres stämmigen Schiffes mit seinem ausgeklügelten Beleuchtungssystem, den gut beschickten Öfen und der großzügig verproviantierten Kombüse machten uns Schneetreiben und Sturmgeheul nichts aus. Die unangenehmen Aufgaben dagegen – während der Blizzards für die Hunde zu sorgen, das Eis für das Trinkwasser zu schneiden oder den Müll rund um das Schiff beseitigen zu müssen, ließen uns die Bequemlichkeit unserer Unterkunft nur noch höher schätzen.

Doch waren wir uns in der ganzen Zeit der zahlreichen Gefahren bewusst, die uns bedrohten. Manchmal, wenn wir gemütlich in unseren Kojen lagen, brachte der Wind, der über die hügelige Landschaft brauste und oben in unserem Takelwerk kreischte, das ganze Schiff zum Erzittern, bis wir uns fragten, ob er die Masten einfach umreißen würde wie Bäume. Ein anderes Mal waren riesige Eisberge zu beobachten, die sich wie trunken ihren Weg durch das Eis bahnten, so als hätten sie es darauf angelegt, das Schiff zu zerstören, das in ihre Welt eingedrungen war; und immer konnten wir weit im Süden und Osten das teuflische Ächzen und Stöhnen des zusammengepressten Eises hören. Wir waren allerdings zu der Zeit eher wachsam als ängstlich und versicherten uns gegenseitig – vielleicht machten wir es uns, ehrlich gesagt, auch nur vor –, dass die Zeit kommen würde, in der das Eis sich auf natürliche Weise öffnen und unser robustes kleines Schiff sich aus dem Packeis freikämpfen konnte.

6 *Schlittenhundkameraden*

Für Shakespeare, den Leithund meines Gespanns und Herrn der Meute.

Wie trübselig sich das Leben in unserem Eisgefängnis ohne die Hunde gestaltet hätte! Sie waren in der Nähe der Hudson-Bucht geboren, aufgezogen und trainiert worden. Als wir ihnen an Bord der *Endurance* zum ersten Mal begegneten, waren sie wild, eigensinnig und scheu, fast wie Wölfe. Bei unserer Ankunft im Weddell-Meer hatten wir 54 Hunde, doch als wir schon mehrere Monate im Eis feststeckten, kamen sechs Junge zur Welt. Die vier, die zu Sally gehörten, wurden sehr verwöhnt, nicht nur von ihrem Ziehvater Tom Crean, sondern auch von der gesamten Mannschaft, die ihre Entwicklung vom verspielten Welpen zum gesetzten Erwachsenen mit einem Interesse verfolgte, das normalerweise dem Nachwuchs einer Menschenfamilie vorbehalten bleibt. Sue, aus Macklins Gespann, hatte nicht so viel Glück mit ihrer Familie, denn aus einem Wurf von elf Welpen konnten nur zwei einen Blick auf unsere seltsame weiße Welt werfen.

Die Hunde waren in Einzelzwingern auf Deck untergebracht und überstanden die Reise im Freien erstaunlich gut, obwohl sie natürlich an Kondition verloren. Sobald die *Endurance* im Eis feststeckte, wurden sie auf die Scholle nebenan gebracht, und als es reichlich Robbenfleisch gab, erholten sie sich schnell und verlangten lebhaft nach Arbeit. Im Durchschnitt wogen unsere Schlittenhunde etwa 80 Pfund – der leichteste 64 Pfund und der schwerste, ein kräftiges Untier namens Jasper, 120 Pfund. Shakespeare hatte mit seinen vier Jahren ein Gewicht von 104 Pfund.

Zunächst waren die Hunde für uns ganz einfach Hunde, eben nichts weiter als eine wilde Meute. Einige Expeditionsmitglieder waren verantwortlich für ihre Fütterung und andere für ihre Pflege. Aber später hatte Sir Ernest die glänzende Idee, sie in sechs Gespanne aufzuteilen und diese als Einheit den Männern zuzuteilen, die sie bei der geplanten Durchquerung des Kontinents begleiten sollten. Diese Fahrt sollte ungefähr 120 Tage dauern, und die Gespannführer wurden angewiesen, ihre Hunde auf eine Reise dieser Länge vorzubereiten.

So wurden Besitzerstolz und Ehrgeiz geweckt, was sich schnell an der besseren Verfassung der Hunde zeigte. Ich hatte besonderes Glück, denn mir teilte das Los das wohl beste Gespann und den mit Sicherheit besten Leithund zu. Die anderen Schlittenlenker behaupteten, ich ginge mit einem unfairen Vorteil an den Start, weil ich früher im Hinterland von Australien für kurze Zeit bei einem Ochsentreiber in die Lehre gegangen war, während die meisten von ihnen nicht einmal einen Golfball in die richtige Richtung lenken konnten. Trotzdem bin ich der Meinung, dass der Leithund weitaus wichtiger ist als der Lenker, und deshalb mein Dank an Shakespeare, den besten Schlittenhund, der je im Geschirr ging. Genannt wurde er allerdings nur ›Schwänzchen‹, weil sein Bruder Bob ihm bei einem legendären Kampf sämtliche Schwanzhaare ausgerissen hatte. Im Norden hatte man ihn stets ›Hell‹ gerufen, vielleicht wegen seiner schnellen Auffassungsgabe. Wieder andere bezeichneten ihn als den ›Heiligen Hund‹, weil er zwar bei allen Streichen der Anführer war, im Falle einer näheren Untersuchung aber so unschuldig dreinschaute wie ein Heiliger und so sittsam mit dem Schwanz wedelte wie kein anderer Hund. Doch wenn er seine Kraft dafür einsetzte, im Schlittengeschirr den Weg zu bahnen, bewies er einen ungeheuren Scharfsinn, und als Begleiter war er besser als mancher Mensch. Alles in allem rechtfertigten seine Weisheit und seine Menschenkenntnis seinen neuen Namen; er war der Shakespeare unter den Hunden.

Der Bau der Hunglus machte uns großen Spaß. Zunächst wurden sie nach rein praktischen Gesichtspunkten angelegt, aber später, als aus einer benachbarten Rinne frisch gefrorene Eisplatten zu bekommen waren, wetteiferten die Hundeführer bei der Ausstattung der

Hundezwinger ebenso wie bei Erziehung und Training ihrer Bewohner. Die flachen Eisscheiben konnten leicht in jede gewünschte Form gebracht werden; verbunden wurden sie, indem man Meerwasser in die Zwischenräume goss. Schnee, mit Meerwasser zu Brei vermengt, ergab ebenfalls guten Zement, und um die Hundeketten festzumachen, brauchte man nur ein kleines Loch ins Eis zu schlagen, das Ende der Kette hineinzustecken und ein bisschen Wasser dazuzugießen. In wenigen Augenblicken war die Kette festgefroren und hielt so gut, dass nicht einmal die vereinten Kräfte des ganzen Gespanns ausreichten, um sie loszureißen.

Rund um das Schiff herum wuchsen kristallene Dörfer aus dem Boden, und der unerschöpfliche Nachschub an Baumaterial, das so leicht zusammengefügt werden konnte, sorgte für reichlich Abwechslung. Den architektonischen Möglichkeiten waren nur durch die Fantasie des Bauherrn Grenzen gesetzt. Die glasklaren Häuser bekamen hölzerne Böden und Türrahmen – Fenster waren nicht nötig, da blaues Dämmerlicht die Wände durchdrang. ›Seemann‹ bewohnte eine kleine Kirche, die sich sogar eines Eisturms und eines Säulengangs rühmen konnte. Er zog es allerdings wie viele seiner Kameraden vor, sich vor seiner Behausung zusammenzurollen. Eigentlich wurden die Eiszwinger nur bei ganz schlechtem Wetter als Schlafplätze genutzt. Dann suchten die Hunde darin Schutz, um in Ruhe schlafen zu können, während der Wind heulte und der Schnee sie bedeckte. Einige kratzten sich ein kleines Guckloch frei, damit sie durch die Tür frische Luft schnappen oder nach dem nächsten Fressen Ausschau halten konnten. Auch betrachteten sie ihre Zwinger als willkommene Zuflucht, wenn sie Gewissensbisse bekamen und ahnten, dass der Hundeführer sie mit der Peitsche bestrafen würde.

Unsere Gespanne setzten sich normalerweise aus einem Leithund und acht anderen Hunden zusammen, die paarweise an das Zugseil gelegt wurden, jeder Hund in seinem eigenen Geschirr. Das Trainieren und Einarbeiten eines Hundegespanns ist eine schwierige Kunst. Ein kluger Führer beobachtet seine Hunde zunächst und macht sie auf eine Weise mit sich vertraut, die sie dazu bringt, seine Überlegenheit anzuerkennen. Dann lernt er, seine Befehle unmissverständlich zu geben und seine lange Peitschenschnur gezielt einzusetzen. Stundenlang übt er mit der Peitsche, bis er mit der Spitze ihrer sechs Meter langen Schnur unfehlbar eine Münze am Boden trifft. Danach wird das Lenken eines Hundegespanns so einfach wie das Steuern eines Autos; aber wer irreführende Befehle erteilt oder mit seiner Peitsche nicht umgehen kann, hat einen schweren Stand. Ein Expeditionsmitglied war ein Verfechter der ›antiautoritären‹ Erziehung, aber es stellte sich heraus, dass der einzige Weg, mit diesen Hunden fertig zu werden, zweifellos darin bestand, hart aber gerecht zu sein; dann entwickeln die Tiere sich prächtig und arbeiten einwandfrei. Schwäche, Unfreundlichkeit und vor allem Ungerechtigkeit mindern ihre Leistung erheblich. Ein guter Hund achtet darauf, dass das Tier vor ihm anständig arbeitet und schnappt bei Anzeichen von ›Ermüdung‹ nach den Beinen. Jeder Hund kann, wenn er in Form ist, ungefähr einen Zentner ziehen.

Der einzige Hund in meinem Team, der ständig trödelte, war ›Seemann‹ Er war ein kräftiger, schlauer Hund, der immer so tat, als arbeite er hart, sich aber nur gerade so sehr ins Zeug legte, dass die Zugleine stramm blieb. Unterwegs schaute er immer wieder vorsichtig über die Schulter, um seinen Herrn und die Peitsche im Auge zu behalten. Wurde sie geschwungen, blieb Seemann sofort stehen, so dass die Schnur dort traf, wo Seemann hätte sein sollen – aber nicht war.

Wir arbeiteten mit den traditionellen Methoden der Schlittenführung. Die Hunde lernen es, sobald sie eingespannt sind, absolut ruhig auf den Läufen sitzen zu bleiben. Auf das Kommando ›Fertig‹ springen sie auf. Bei ›Mush‹ ziehen sie kräftig an, damit sich die Kufen vom Eis lösen, und dann rennen sie in gleichmäßigem Trab los, wobei jeder Hund sich ins Zeug legt. Für das Lenken des Gespanns bedeutet der Ruf ›Ha!‹, dass es nach rechts geht, ›Gee!‹ heißt links und das allseits bekannte ›Whoa!‹ führt zum Stillstand. In den Wintermonaten, als es keine Sonne gab, die ganze Welt grau und gleichförmig schien und man einen Eishügel nicht von einer Mulde unterscheiden konnte, war es für ein menschliches Wesen unmöglich, ohne Kompass einen geraden Kurs zu halten; ein kluger Leithund jedoch – ein Hund wie der gute, alte Shakespeare – führte, wenn eine feste Richtung eingeschlagen war, sein Gespann fehlerfrei. Auch wenn er Umwege um Hügel machte, um rauem Eis aus dem Weg zu gehen, verlor er nie die Orientierung.

Erstaunlich war auch das blinde Verstehen und Vertrauen, das sich zwischen Hund und Mensch entwickelte. Hin und wieder, in Augenblicken größter Gefahr – insbesondere nach dem Zerbrechen unseres Schiffes, als schnelles Entscheiden und Gehorchen überlebenswichtig wurden –, folgten die Hunde den Befehlen so eifrig wie nie zuvor. Ich bin sicher, dass sie spürten, wie gefährlich und verzweifelt unsere Lage war, und so wie jedes Expeditionsmitglied auf der Stelle den Anweisungen seines Vorgesetzten folgte, gehorchen diese klugen Tiere bereitwillig den Kommandos ihrer Führer.

Durch mein Hundegespann erweiterte sich mein Aktionsradius erheblich. Mit einem Begleiter auf dem Schlitten pflegte ich jeden Winkel des Packeises zu erkunden, immer auf der Suche nach Motiven für meine Kamera. Diese Ausflüge waren nicht ganz ungefährlich, denn oft tat sich zwischen uns und dem Schiff ein Riss auf, dann mussten wir warten, bis er sich wieder schloss, oder wir mussten mit einer losen Eisscholle übersetzen. Allerdings war auch der Hundeverstand nicht unfehlbar. Eines Tages – ich war allein mit meinem Gespann unterwegs gewesen und befand mich auf dem Rückweg zum Schiff –, als ich tief versunken in das Studium eines atmosphärischen Phänomens rücklings auf dem Schlitten lag und die Hunde in unserer Spur zurückhasteten, merkte ich plötzlich, dass ich fiel, und bevor ich noch einen klaren Gedanken fassen konnte, lag ich schon im eisigen Wasser. Der kalte Guss ernüchterte mich augenblicklich, und ich begriff, was geschehen war. Quer zu unserer Spur hatte sich eine Rinne aufgetan, und die Hunde waren mitsamt dem Schlitten schnurstracks hineingerannt. Zu beiden Seiten ragten die zerklüfteten Eiswände steil aus dem Wasser, das sich wie ein pechschwarzer Fluss 20 Meter breit nach Osten und Westen erstreckte. Die Hunde schwammen auf das gegenüberliegende Ufer zu und zogen dabei den Schlitten mit, an den ich mich ängstlich klammerte. Mein Leben und das der Hunde wurden durch einen großen wasserdichten Kasten gerettet, den ich an meinem Schlitten befestigt hatte, um meine fotografischen Gerätschaften darin zu transportieren. Als wir die andere Seite erreichten, brachte ich den Schlitten nah an die Eiswand heran. Er hatte gerade genug Auftrieb, um mein Gewicht zu tragen, und von dieser wackligen Plattform aus gelang es mir, mich in Sicherheit zu bringen. Dann befestigte ich am nächsten Eishügel eine Hilfsleine, mit der ich die ersten drei Hunde herauszog, die den Rest des Gespanns auf die Scholle hievten. Sobald sie wieder in Sicherheit waren, gingen die Hunde mordlustig auf Shakespeare los, weil er sie in die Rinne geführt hatte, und ich musste ihm zu Hilfe eilen und die Hälfte des Gespanns mit dem Peitschenstiel zurückhalten, damit er nicht in Stücke gerissen wurde.

Im Wasser hat der Antarktisforscher einen Feind,

den er fürchtet – den schrecklichen Killerwal. Mit seiner bedrohlichen doppelten Zahnreihe und den unheimlichen Augen sieht er aus wie ein riesiger Hai, nur viel Furcht erregender. Der Killerwal – oder *Orca gladiator* – ist eine ständige Bedrohung für die Robben, und der Reisende auf dem Eis muss dauernd vor ihm auf der Hut sein. Wenn wir eine Schlittenreise unternahmen, lauerte stets diese Gefahr unter dem Eis. Einmal war ich mit einem der Matrosen unterwegs, und wir überquerten eine breite Rinne, die gerade erst zugefroren war. Wir waren noch keine 50 Meter weit gekommen, da hörten wir in der Nähe Killerwale blasen. Schnell riss ich die Hunde herum und machte auf dem dünnen und tückischen Eis eine möglichst scharfe Kehrtwende, um uns in Sicherheit zu bringen. Ich brauchte weder ›Mush!‹ zu rufen, noch die Peitsche zu schwingen. Die Angst saß den Hunden bereits im Nacken, und sie rannten, so schnell sie ihre Beine trugen. Die Orkas hinter uns – es waren insgesamt drei – durchbrachen das Eis, als sei es Seidenpapier und waren offenbar so erstaunt über den seltsamen Anblick, der sich ihnen bot, dass sie einen Moment zögerten. Wären sie weitergeschwommen, um uns von vorn anzugreifen, hätten wir sicher keine Chance gehabt; aber glücklicherweise erreichten wir festes Eis und versteckten uns hinter einem großen Hügel. Die Killerwale attackierten die Scholle und schoben den Kopf über die Kante. Nie in meinem Leben habe ich grässlichere Geschöpfe gesehen. Doch da ich mich mittlerweile einigermaßen sicher fühlte, hatte ich nur noch den einen Gedanken: »Was man nicht alles versäumt, wenn man ohne Kamera oder Gewehr losgeht.«

Was das Futter anbelangt, ist der Schlittenhund ein sehr anpassungsfähiges Tier. Wenn er Hunger hat, wird er unbekümmert einen Kameraden aus dem Gespann verspeisen und selbst das Geschirr nicht verschmähen. Glücklicherweise gerieten die Hunde der *Endurance* nie in eine solche Notlage, denn früh im Januar begannen wir einen Vorrat an Robbenfleisch anzulegen und für den Winter so viel einzulagern, dass es reichte, bis die Robben im Frühjahr wiederkamen. Da abwechslungsreiche Nahrung für Hunde ebenso wichtig war wie für Menschen, wurde ein Speiseplan aufgestellt; demnach bekam jeder Hund an einem Tag etwa ein Pfund Robbenfleisch und ein halbes Pfund Tran, am nächsten Tag ein gutes Pfund Hundekuchen und am dritten Tag ein Pfund Pemmikan, der eigentlich für die Schlittenreisen gedacht und daher sehr nahrhaft ist. Dieser Plan wurde den jeweiligen Verhältnissen und dem Zustand der Hunde angepasst. Es gab regelmäßig kräftige Eintöpfe und, wenn vorhanden, Knochen zum Nagen. Einmal, als die Hunde an Bord untergebracht waren, mischte der Koch aus Versehen etwas Pökelfleisch unter den Eintopf. Die Hunde wurden fast wahnsinnig vor Durst und die Gespannführer waren den ganzen Tag damit beschäftigt, Eis zum Trinken zu schmelzen.

Ungefähr Mitte Juni 1915, als die Gespanne in

Hochform waren, wurde ein Hunderennen veranstaltet. Als Rennstrecke diente der Pylonenweg, die Startlinie befand sich etwa 200 Meter entfernt vom Schiff, das den Zielpunkt bildete. Alle Mann bekamen einen Tag frei, um beim Rennen zuschauen zu können, und alle waren mit Begeisterung bei der Sache. Es wurde ausgiebig gewettet – in antarktischer Währung, Schokolade und Zigaretten –, und einige der Matrosen verkleideten sich als Buchmacher, bei denen Wilds Team, wie es bei einem Rennen so schön heißt, einen hauchdünnen Vorsprung hatte. Ein seltsames Ereignis war es, das da im kurzen, trüben Zwielicht des antarktischen Winters stattfand. Die Gespanne hatten allesamt auf dem Kurs trainiert und schienen ebenfalls Gefallen an der Sache zu finden. Sir Ernest, der auch Zielrichter war, gab das Startsignal, indem er das elektrische Licht oben auf dem Khaiber-Pass anknipste. Angetrieben von den Anfeuerungsrufen der Fans und den Schreien der Fahrer stürmten die Gespanne los. Dem Gekläff nach zu urteilen schienen die Hunde zu wissen, was von ihnen verlangt wurde. Wilds Gespann gewann mit einer Zeit von 2 Minuten 16 Sekunden. Shakespeare brachte sein Team zehn Sekunden später durchs Ziel, und Macklins Hunde, mit dem Knochigen Peter als Führer, belegten den dritten Platz. Am nächsten Tag forderte ich die Favoriten zu einem weiteren Rennen heraus, diesmal ›mit Passagier‹, das regelgerecht ich gewann, weil Sir Ernest, der bei Wild mitgefahren war, schändlicherweise unterwegs vom Schlitten fiel.

Gegen Ende Juli wütete ein dreitägiger Blizzard mit heftigen Schneefällen Tag und Nacht. Niemand außer den Hundepflegern durfte das Schiff verlassen. Als der Wind sich legte, sah die Landschaft völlig anders aus. An der Backbordseite hatte sich ein riesiger Schneehaufen angesammelt, der die Eisscholle in Schräglage gebracht und die Hundezwinger vollkommen zugedeckt hatte. Alle Mann machten sich ans Schaufeln, und als die Hunde wieder auftauchten, schien ihnen nichts zu fehlen; sie waren sogar ungewöhnlich lebhaft. Mein Schlitten wurde mit fünf Kanistern Benzin von je 45 Kilo beladen, dann sprang ich noch auf, was das Gesamtgewicht auf über 300 Kilo ansteigen ließ, doch die Hunde rannten los, als zögen sie einen leeren Schlitten, und ich hatte große Mühe, sie zu bändigen.

Ein paar Tage später wurden südwestlich des Schiffes schwere Eispressungen beobachtet, und man konnte so etwas wie Wellenrauschen hören. In dieser Zeit wurden die Decks geräumt und die Ketten gesichert, so dass die Hunde jederzeit an Bord geholt werden konnten. Tagsüber gab es einen ständigen Beobachtungsposten, und nachts wurde stündlich Ausschau gehalten. Ein Riss lief von der Wasserrinne vor uns bis auf ca. 30 Meter an das Schiff heran. Nur 400 Meter entfernt, an der Backbordseite, wurde das Eis sehr unruhig, es knirschte und schob sich ineinander. Riesige, tonnenschwere Trümmer wurden hochgedrückt und balancierten auf fast fünf Meter hohen Presseisrücken. Am Morgen des 1. August begann die Scholle in unserer

Nachbarschaft sich zu bewegen. Eilig brachten wir die Hunde an Bord und holten die Gangways gerade noch rechtzeitig ein, denn kurz darauf bildete sich in der Nähe unseres Steuerbordquartiers ein Presseisrücken. Die Kanten der Eisschollen stießen mit solcher Wucht aneinander, dass riesige Eisblöcke emporgehoben und die Kristallpaläste der Hunde zu Puder zermahlen wurden. Am nächsten Tag bauten wir hölzerne Zwinger auf das Deck, und von da an behielten wir die Hunde an Bord.

Lassen Sie mich zum Abschluss dieses Kapitels über die Hunde von einer typischen Schlittenreise berichten. Der August war gekommen, und die pechschwarze Winternacht wurde langsam heller, denn die Sonne eilte dem Süden zu. Es herrschte eine wunderbare Ruhe, als Macklin und ich den guten alten Shakespeare anschirrten und meine Hunde vor den Schlitten spannten. Die Luft war kalt und schneidend, denn die Temperatur lag bei minus 57 Grad Celsius; aber es war unglaublich aufregend, am Ende der Welt allein auf dem treibenden Packeis zu sein! Am nördlichen Himmel dämmerte der Morgen rosenrot und golden. Wabernde Nebel stiegen aus einer offenen Rinne. Der nördliche Himmel flammte hell und leuchtend, doch den Süden deckten noch die Schwingen der Nacht; der Vollmond ging auf und malte einen verlockenden silbernen Pfad auf das glitzernde Eis. Auf diese schimmernde Spur setzte ich meine Hunde, dann erlaubte ich dem erfahrenen Leithund, sich seinen eigenen Weg durch das verschlungene Labyrinth der Eishügel zu suchen. Während wir dem mondhellen Süden entgegenfuhren, glühte die Nordseite des Packeises vor uns im rosafarbenen Widerschein der aufgehenden Sonne. Wenn wir zurückschauten, erblickten wir die Südseite, die vom hellen Mondlicht beschienen wurde, das die fantastischen Eiskämme und Zinnen zu unheimlichen Formen verzerrte. Die Stille war überwältigend; wir befanden uns in einer toten und vereisten Welt. Dann endete der kurze Tag. Die Morgendämmerung im Norden ging in die Abenddämmerung über; die nördlichen Sterne begannen, den Himmel zu schmücken. Wir drehten um und das Gespann trabte zum Gebimmel von Shakespeares Glocke munter heimwärts. Bald waren wir wieder beim Schiff angelangt, dessen Rumpf, Seile und Wanten, dick überzogen mit Raureif, in allen Einzelheiten deutlich zu erkennen waren; im Mondlicht glitzernd hob sich alles scharf vom dunklen Himmel ab – ein Geisterschiff. Wir rissen uns los von dieser Märchenwelt und kehrten in die Wirklichkeit zurück. Nachdem wir die Hunde abgeschirrt hatten, brachten wir sie in die Zwinger und fütterten sie – dann stiegen wir polternd hinab in die Wärme des Ritz, wo die anderen um das Herdfeuer saßen und zu den Klängen von Husseys Banjo fröhliche Lieder sangen.

7 *Der Tod des Schiffes*

Nicht trüb, nicht rot – die Sonne loht
wie Gottes Haupt wohl blinkt.

COLERIDGE

Am 26. Juli 1915 lugte zum ersten Mal seit 75 Tagen die Sonne über den Horizont, und nachdem sie uns fast eine Minute zugeblinzelt hatte, versank sie in majestätischem Glanz, der den nördlichen Himmel in Karmesinrot und Gold tauchte. Das war das Zeichen, auf das wir alle so sehnsüchtig gewartet hatten, daher versammelten wir uns an Deck und brachten der Sonne ein Ständchen.

Kondensationskristalle, die aus dem wolkenlosen Himmel auf die Eisfelder fielen, wurden von den Sonnenstrahlen in einen glitzernden Goldregen verwandelt. Endlich brach der Tag an, und die lange Polarnacht war vorüber. Die Morgendämmerung signalisierte aber auch, dass der *Endurance* die Zerreißprobe bevorstand.

Am 1. August wurden die Hunde an Bord gebracht und an dem Tag war die Eisoberfläche vom Mastkorb aus betrachtet ein Wirrwarr aus Hügeln, Kämmen, Zacken und zerbrochenen Eisblöcken. Die nordöstliche Drift war schneller geworden – zweifellos wegen der riesigen ›Segelfläche‹, die Abermillionen Eishügel dem Wind boten –, und der Meeresgrund fiel schnell von 827 auf 2096 Meter Tiefe. Dass das Packeis zerbrach und sich überall Rinnen auftaten, war an den Nebelwolken zu sehen, die ringsherum aufstiegen, manche ähnelten dem Rauch eines Lagerfeuers, andere sahen wie die Dampfspur einer langsam fahrenden Lokomotive aus.

In den Nächten machten wir uns große Sorgen, denn das Schiff befand sich jetzt mitten in einem eisigen Schlachtfeld. Das Knirschen des Eises und das Ächzen der Balken erschreckten uns. Der Boden bog sich unter dem Druck, und bei den hölzernen Trennwänden zwischen den Verschlägen sprangen mit lautem Knall die Lattenspunde aus den Nuten. Zehn Wochen lang befand das Schiff sich in ständiger Gefahr, doch erst Anfang Oktober wurde seine Lage verzweifelt. Am 14. Oktober war das Eis vor dem Schiff in heftiger Bewegung, und ein plötzliches lautes Krachen ließ alle Mann an Deck stürmen, wo wir feststellten, dass sich an der Rinne vor uns ein Riss gebildet hatte, der an unserer Steuerbordseite entlang weiter nach hinten verlief, wo sich eine andere Spalte geöffnet hatte. Zum ersten Mal seit neun Monaten war das Schiff frei. Um Mitternacht glitt es aus seinem Bett und rutschte rückwärts von der geborstenen Scholle, in der es seinen Abdruck hinterließ. Der Besan wurde gesetzt, und wir segelten doch tatsächlich fast 100 Meter weit.

Wir befanden uns jetzt in einer schmalen Rinne, doppelt so breit wie das Schiff, die direkt vor uns blockiert war. Das bereitete uns großen Kummer, denn die Schollen trieben allmählich wieder aufeinander zu. Mit stummer, unwiderstehlicher Kraft nahmen sie das Schiff in ihre schreckliche Umklammerung. Es ächzte, zitterte und protestierte im Todeskampf, aber der Griff des Eises wurde fester und unnachgiebiger, bis das Schiff – wir glaubten schon, die Seiten würden eingedrückt – langsam auf die Eisdecke zu steigen begann. An diesem kritischen Punkt ließ der Druck glücklicherweise nach – so plötzlich, als habe sich eine Halt gebietende Hand auf den Kontrollhebel einer riesigen Maschine gelegt. Wir schaukelten so gefährlich auf einem Presseisrücken, dass wir fast seitwärts hinuntergerutscht wären. Mehrere Stunden ging das so, dann trieben die Eisschollen langsam auseinander, und wir nahmen wieder unsere normale Position ein.

In jener Nacht blieb das Eis ruhig, aber spät am nächsten Nachmittag begann es erneut zu arbeiten. Wenn man vom Deck aus zuschaute, wie die Schollen sich am Rumpf unseres Schiffes rieben, konnte man gar nicht anders, als besorgt zu sein. Jeder Balken stand unter äußerster Spannung. Das Deck krümmte sich; die Türen ließen sich nicht mehr richtig öffnen und schließen; die Bodenbeläge wölbten sich, und die eisernen Fußbodenplatten im Maschinenraum verzogen sich und sprangen aus ihrer Verankerung. Das Schiff stöhnte, jammerte und bebte wie ein Lebewesen in Todesqualen. Kurz nach 17 Uhr begann es, sich aus dem Eis zu heben. In nur sieben Sekunden hatten die Schollen uns emporgedrückt und mit 30 Grad Schlagseite auf die Backbordseite gelegt. An Deck herrschte großes Chaos – wild gewordene Hunde, Zwinger, Schlitten und Notausrüstung machten das Durcheinander komplett. Die Männer unter Deck wurden aus ihren Kojen geworfen, in der Kombüse ging es drunter und drüber und alles, was nicht gesichert war, nahm den gleichen Weg wie die Fracht. Schließlich wurden Leisten auf das Deck genagelt, an denen man Halt finden konnte, und es kehrte wieder Ordnung ein.

Trotz unserer misslichen Lage ging es an jenem Abend beim Essen in der Messe sehr lustig zu. Alle saßen auf dem Boden und stützten sich mit den Füßen an den Leisten ab, um nicht wegzurutschen, während der Steward beim Austeilen der Suppe unglaublichen Gleichgewichtssinn bewies. Kaum stellte einer unbedacht seinen leeren Teller oder Becher auf den Boden, schon krachte der gegen die Backbordseite. Wir waren alle sehr dankbar, als um 21 Uhr der Druck nachließ und wir wieder auf ebenen Kiel kamen.

In der letzten Oktoberwoche dann erreichte ein anderer Akt unseres antarktischen Dramas seinen Höhepunkt. Zu jener Zeit hatten wir 20 Stunden Tageslicht und das Wetter blieb ruhig, aber es war schneidend kalt. Ich zitiere aus meinem Tagebuch:

24. Oktober: *Die Schollen, die den ganzen Nachmittag in Bewegung gewesen sind, prallen mit großer Wucht an die Steuerbordseite des Schiffes. Um 18 Uhr machen sich alle Mann mit Pickeln, Schaufeln und Meißeln an der Scholle zu schaffen und schneiden Rinnen, die den Druck verringern sollen, aber unsere armseligen Kräfte reichen nicht aus. So schnell wir auch das Eis zerhacken, gleich drängen neue Massen nach. Um 19 Uhr trifft eine entgegenkommende Scholle das Ruder, zwingt es hart nach backbord und beschädigt den Ruderpfosten. Der Achtersteven des Schiffes ist arg ramponiert, und die Planken scheinen sich an den Enden zu lösen. Geräusche aus dem Pumpenschacht übermitteln die traurige Nachricht, dass wir Wasser ziehen. Die Pumpen werden bemannt, aber es ist schwer, sie in Gang halten, weil das Wasser immer wieder gefriert und die Ventile verstopft. Der Zimmermann arbeitet an einem Schott im Lukenschacht, weil er hofft, auf diese Weise das beschädigte Heck des Schiffes abdichten zu können. Die Wachen sorgen dafür, dass die Pumpen auf vollen Touren laufen. Die ganze Nacht übertönt ihr Klappern das unheilschwangere Knarren der Planken. Unsere Lage ist ernst.*

25. Oktober: *Ging heute Morgen hinunter in den Maschinenraum, um zu sehen, wie weit Chips mit dem Schott gekommen ist. Das Wasser steht über dem Boden des Maschinenraums, kann aber in Schach gehalten werden, und wir hoffen immer noch, unser braves Gefährt durchbringen zu können. Das Eisgefüge draußen hat sich*

wieder vollkommen verändert; aus den meisten eisfreien Stellen in unserer Nachbarschaft sind Presseisrücken geworden, während sich etwa einen Kilometer entfernt ein großes Becken aufgetan hat. Starke Eiskämme bedrohen uns steuerbord und achtern. Das Schiff befindet sich in einer höchst gefährlichen Lage und hat starke Schlagseite nach steuerbord. Wenn die Eiskämme sich weiter bewegen, wird das vorrückende Eis unweigerlich über dem Leck des Kielraums zudrücken, und da das Schiff rundherum von großen Massen Trümmereis festgehalten wird, kann es dem Druck wohl kaum nach oben ausweichen. Im Moment ist allerdings alles ruhig.

26. Oktober: *Schöner, klarer Tag. Das aufgewühlte Eis übte den ganzen Morgen ungeheuren Druck auf das Schiff aus. Ich half Chips gerade mit dem Schott im Lukenschacht, als die Umklammerung fester wurde und das Ächzen und Stöhnen der Planken mit dem Klopfen und Knirschen an den Schiffswänden zu einem so ohrenbetäubenden Getöse anschwoll, dass wir uns schleunigst in Sicherheit brachten. Es stand zu befürchten, dass die Schiffswände barsten, und wir wollten nicht im Schacht gefangen werden, deshalb hasteten wir an Deck. Alle waren eifrig damit beschäftigt, das Herablassen der Rettungsboote vorzubereiten und die Notvorräte zu packen für den Fall, dass wir das Schiff aufgeben müssen, was mittlerweile unvermeidlich scheint.*

Die Hunde, die instinktiv um die drohende Gefahr wissen, brechen vor lauter Unruhe und Angst in trauri-

ges Geheul aus. Sir Ernest steht am Heck, beobachtet den Eisgang und gibt gelegentlich knappe Anweisungen. Die gesamte Ausrüstung samt Schlitten wird schnell und ruhig an Deck zusammengetragen, so als handele es sich um die normalste Sache der Welt. Um 18 Uhr entstehen gewaltige Spannungen; offenbar nur in unserer unmittelbaren Umgebung, denn das etwas weiter entfernt liegende Eis verharrt bewegungslos. Das Schiff kreischt und bebt, Fenster splittern, während die Decksplanken sich verbiegen und verdrehen. Dem stärksten Druck sind unser Steuerbordquartier und der beschädigte Achtersteven ausgesetzt. Das Schiff wird durch eine Reihe ruckartiger Stöße vorwärts gedrängt, und zwar mit solcher Kraft, dass sein Bug wie ein Keil in die dicke Scholle vor uns gerammt wird. Durch diese fürchterliche Belastung verzieht der Rumpf sich auf der gesamten Länge um etwa 25 Zentimeter. Um 19 Uhr wird der Befehl gegeben, die Boote herabzulassen. Sie werden ein Stück von der ›Endurance‹ weggezogen, aus der direkten Gefahrenzone heraus. Um 20 Uhr 15 macht das unruhige Eis eine willkommene Pause und alle gehen an Bord, damit wir uns an den Pumpen abwechseln und dazwischen möglichst viel Schlaf bekommen können.

27. Oktober: *Chips glaubt, das Schott heute Nacht fertig zu bekommen, und wir haben immer noch große Hoffnung, dass es ihm gelingt. Alle, einschließlich Sir Ernest, wechseln sich weiterhin an den Pumpen ab, die mit dem eindringenden Wasser noch Schritt halten können. Kaum*

haben wir das Mittagessen beendet, mahlt die Eismühle weiter. Näher und näher rückt die Druckwelle. Riesige Platten werden übereinander geschoben, schwanken einen Augenblick bedenklich, kippen dann herunter und bleiben unter einem Haufen Eistrümmer begraben. Unaufhaltsam schreitet diese gewaltige Macht voran und durchbricht die anderthalb Meter dicke Eisdecke um uns herum. Jetzt ist sie nur noch wenige Meter vom Schiff entfernt. Wir Menschen stehen absolut hilflos da, können nur tatenlos zusehen. Schnell steige ich mit meiner Filmkamera hinunter auf das treibende Eis, wo ich jeden Augenblick damit rechne, die sich krümmenden und aufplatzenden Schiffswände nachgeben zu sehen. Jetzt hat die Druckwelle das Schiff erreicht und hebt es wie ein Spielzeug auf die Spitze des Kamms. Riesige Bruchstücke werden unter der Gilling hindurchgezwängt und reißen den Achtersteven fort. Sir Ernest und Kapitän Worsley schätzen gerade von der Eisscholle die Lage des Schiffes ein, als der Zimmermann meldet, dass die Pumpen das Wasser nicht mehr zurückhalten können. Alle Mann erhalten Befehl, sich für das Abladen der Ausrüstung und der Vorräte bereitzuhalten. Die Pumpen arbeiten schneller und schneller, und irgendjemand singt doch tatsächlich ein Seemannslied zu diesem Takt. Die Hunde werden mit Hilfe einer Segeltuchrutsche schnell von Bord gebracht und auf der Scholle angekettet, darauf folgen die Kisten mit dem Nahrungskonzentrat der Schlittenrationen, die Schlitten und die Ausrüstung. Das Schiff ist dem Untergang preisgegeben.

Gegen 20 Uhr ist alles Notwendige auf ›der Scholle‹, und obwohl die Zerstörung des Schiffes fortschreitet, kann man aus dem Küchenschornstein Rauch steigen sehen – der Koch bereitet das Abendessen vor. Alle Mann versammeln sich in der Offiziersmesse, zur letzten Mahlzeit auf unserem guten alten Schiff. In stillem Ernst widmen wir uns dem Essen, während um uns herum das Mahlen weitergeht und das schreckliche Geräusch splitternder Planken von unten heraufdringt. Gefahr ist uns gleichgültig geworden, wir haben lange genug damit gelebt, aber wir sind traurig, dass wir unsere gewohnte Umgebung verlassen müssen. Die Uhr an der Wand zählt die Minuten, während wir letzten Abschied nehmen von der heimeligen Messe, in der wir über zwölf Monate einen so freundschaftlichen Umgang miteinander pflegten, dass wir uns gern daran erinnern. Bevor ich ging, stieg ich noch einmal hinab in unser altes Winterquartier, das Ritz, und stellte fest, dass dort das Wasser schon eingebrochen war und 30 Zentimeter über dem Boden stand, dass die Spanten sich bereits lösten und Eisspieße durch die Wände ragten. Unser Schiff hat einen mutigen Kampf gekämpft und seinem Namen Endurance »Ausdauer« alle Ehre gemacht.

Sir Ernest hisst unter dreimaligem Hoch die blaue Flagge am Besanmast und geht als Letzter von Bord. Ausrüstung und Boote werden in etwa 300 Meter Abstand gelagert, da die Schollen in der Umgebung des Schiffes sich in heftiger Bewegung befinden. In den Dämmerstunden um Mitternacht herum hallt die stille, kühle Luft wider vom Knirschen des andrängenden Eises und von den schrecklichen Geräuschen, die aus dem sterbenden Schiff dringen. Durch irgendeinen seltsamen Zufall schaltet sich automatisch die elektrische Notbeleuchtung ein, und länger als eine Stunde scheint das flackernde Licht uns ein letztes trauriges Lebewohl zu schicken.

8 *Drift auf dem Meereis*

...oder schaudernd
Umstarrt von Wüsten ew'ger Eisesmassen;
gekerkert sein in unsichtbare Stürme,
und mit rastloser Wut gejagt rings um
*die schwebende Erd!**

SHAKESPEARE

So endete unser einjähriger Aufenthalt auf der *Endurance*, und eine fünf Monate lange Drift auf dem tückischen Meereis begann.

In den 281 Tagen, in denen die *Endurance* feststeckte, waren wir in einem Zickzackkurs ungefähr 1500 Meilen gedriftet – im Durchschnitt also etwa fünf Meilen pro Tag. Tatsächlich befanden wir uns 570 Meilen nordwestlich der Stelle, an der unser Schiff zum ersten Mal gefangen wurde, für das von da an der Satz nicht mehr galt: »Der Mensch schuf mich, und nur seinem Willen gehorche ich.«

Unsere erste Nacht im Freien war bitterkalt. Wir fürchteten das rumorende Eis, das sich unter unseren

---

* Übers. v. Schlegel/Tieck/Baudissin, aus: Shakespeare, *Maß für Maß*. Berlin, 1987. – A. d. Ü.

Zelten öffnete oder sich zu Hügeln und Druckkämmen auftürmte. Sir Ernest hielt ununterbrochen Wache, und als ich an jenem Abend in einem der Zelte vor dem schneidenden Wind Zuflucht suchte, war das Letzte, was ich sah, eine düstere Gestalt, die im Dunkeln langsam auf und ab ging. Ich konnte nicht umhin, die ruhige Haltung zu bewundern, hinter der er die Sorge verbarg, mit der er über den nächsten Schritt nachdachte. Was war die beste Entscheidung? Welche Taktik sollte er in der nächsten Runde dieses Kampfes mit dem Tod einsetzen, in dem das Leben von 28 Männern auf dem Spiel stand? Mir wurde bewusst, wie einsam eine so schwere Verantwortung macht.

Früh am nächsten Morgen, noch bevor die anderen sich rührten, trafen Wild und ich uns mit unserem Expeditionsleiter, und zusammen gingen wir an Bord der *Endurance*. Das arme alte Schiff, was für ein klägliches Wrack war es jetzt! Sämtliche Kabinen an der Steuerbordseite waren ineinander geschoben wie der Balg einer Klappkamera. Die Durchgänge waren überflutet und steckten voller Trümmer und Eis, während die Offiziersmesse bis zur Decke mit Eisblöcken und Splittern gefüllt war. Ganz oben, auf zerbrochenen Planken und verbogenem Eisen, trieben zwei Dinge, die nicht einen einzigen Kratzer abbekommen hatten, das Grammofon und ein gerahmtes Bild. Auf dem Unterdeck lagen die Spanten zu einem richtigen Hügel aufgetürmt, und das gesamte obere Deck war abrasiert worden und nach Steuerbord heruntergefallen, so dass wir von dort direkt auf die Scholle gelangen konnten. Vorn und achtern herrschte großes Durcheinander. Der Klüverbaum war abgerissen, das Vorderdeck unter Eis begraben, der Fockmast an der Quersaling gesplittert, der Hauptmast etwa zwei Meter über dem Deck abgebrochen, während der Besanmast, an dessen Gaffel noch die blaue Flagge wehte, intakt geblieben war. Der Kühlraum, der mir einst als Dunkelkammer gedient hatte, war vollkommen zerstört und mit Eisbrei gefüllt. Irgendwo in diesem eisigen Wasser lagerten die wasserdicht verschlossenen Behälter mit meinen Filmen und Negativen. Man hatte mir verboten, sie vom Schiff zu holen, weil uns bei der Landsuche jetzt ein verzweifelter Kampf bevorstand – ein Marsch, auf dem wir nur Nahrung mitnehmen konnten.

Mit dem hoch in die Luft ragenden Heck war es schwer, die Endurance wieder zu erkennen, diese Krone der menschlichen Schiffsbaukunst, die das mächtige Polarmeer bezwingen sollte. Es war klar, dass das Wrack sinken musste, sobald der Druck nachließ und die eingedrungenen Eiszungen, die es über Wasser hielten, sich wieder zurückziehen würden. Mit mehreren Benzinkanistern beladen kehrten wir zurück, entfachten ein Feuer und weckten das Lager.

In den letzten beiden Monaten war den meisten von uns klar geworden, dass das Schiff dem Untergang geweiht war. Das Nichtstun an Bord war zu trauriger Langeweile geworden und obwohl das Exil, in das uns die Zerstörung des Schiffes getrieben hatte, recht gefährlich war, sahen wir der Zukunft doch optimistisch entgegen. In den letzten Wochen hatten wir in Angst und Sorge gelebt und fühlten jetzt fast uns erleichtert, als das Schicksal sein Urteil fällte, so grausam es auch sein mochte.

Sir Ernest kam zu dem Schluss, dass wir versuchen mussten, die Insel Paulet 350 Meilen nordnordwestlich zu erreichen. Dort hatte die schwedische Expedition von Otto Nordenskjöld 1902 eine kleine Hütte und ein Proviantlager hinterlassen. Bevor wir uns auf den Weg machten, bekam jeder seinen Anteil an der geretteten Kleidung, die wir uns überzogen. Es lag auf der Hand, dass wir nur eine winzige Chance auf Erfolg hatten, dass jedes überflüssige Gramm uns behinderte und alles außer dem absolut Notwendigen zurückgelassen werden musste.

Vor dem Abmarsch hielt Sir Ernest eine Ansprache, in der er seinen Männer für ihre Loyalität unter den bisherigen schwierigen Umständen der Vergangenheit dankte und sie bat, auch in den harten Prüfungen, die uns zukünftig bevorstanden, an ihn zu glauben. Seine einfachen, aufrichtigen Worte rührten uns und gaben allen zu denken. Es war ein trauriges Bild. Der Expeditionsleiter im Kreis seiner Männer; die ausrangierte Ausrüstung, die im Schnee verstreut lag; die beladenen Schlitten und die angeschirrten Hunde, die auf den Abmarsch warteten; der trostlose Himmel und, im Hintergrund, die klaren Umrisse des zerstörten Schiffes, umgeben von Eis und Trümmern.

Voller Hoffnung und Schwung machten wir uns auf zur Insel Paulet, denn die allgemeine Gesundheit der Mannschaft war gut, und die Hunde waren in bester Verfassung. Sie schienen zu merken, dass wir in Schwierigkeiten steckten, denn sie benahmen sich großartig und arbeiteten so gut wie nie zuvor. Mein Gespann sollte in Zukunft normalerweise die Führung übernehmen, weil Shakespeare – der gute alte Kamerad – auf dem Gebiet der Orientierung unschlagbar war. Folgende Marschbefehle wurden ausgegeben:

Um 7 Uhr fahren drei Mann mit einem leichten Schlitten voran, um den Weg zu erkunden, Hindernisse zu beseitigen, Spalten zu überbrücken und die Spur zu ebnen. Diese Mannschaft hat einige Stunden Vorsprung vor der Hauptabteilung. Dann folgen sieben Schlitten, jeder von sieben Hunden gezogen und mit durchschnittlich 100 Pfund pro Hund beladen. Fünf Gespanne kehren wieder um, um den Rest der Ausrüstung auf fünf Schlitten zu transportieren. Die verbleibenden zwei Gespanne, die von Wild und Hurley, werden aneinander gebunden und ziehen das leichte Boot. Der Rest der Mannschaft, bestehend aus 18 Männern, zieht das große Boot – die James Caird *– über das Eis.*

So fiel das entmutigende Hin und Her für die Männer weg, weil diese Aufgabe jetzt hauptsächlich den Hunden zufiel, die, selbst wenn sie doppelt liefen, nur etwa die Hälfte ihrer tatsächlichen Arbeitskraft einsetzten.

Das Fortkommen war jedoch fast von Anfang an so schwierig, dass wir dreimal hin- und herfahren mussten, um die gesamte Ladung zu transportieren. Dann verschlechterte sich das Wetter so sehr, dass wir stundenlang kampieren mussten. Die Oberfläche des Eises war schrecklich, mit tiefem, weichem Schnee bedeckt, durch den wir uns kämpfen mussten, und voller heimtückischer Gruben, in die wir immerzu stolperten. Tiefe Löcher waren zu überwinden und scharfe Eiskanten zu umgehen. Ein Stück brüchiges Eis gab plötzlich unter uns nach und ließ uns ins Meer plumpsen. Wasserrinnen und Eishügel versperrten den Weg. Am dritten Tag schufteten wir ununterbrochen und kamen doch nur eine Meile voran. Der vierte Tag verlief etwas besser. Gegen Abend befahl Sir Ernest Halt und teilte uns mit, dass er die Absicht habe, dieses Vorhaben aufzugeben und stattdessen auf einer soliden Treibeisscholle ein ständiges Lager einzurichten. Bei der rauen Oberfläche fingen die Schlitten an zu brechen und die Boote zeigten auch schon Beschädigungen. Andere Mannschaftsmitglieder, die zu Rate gezogen worden waren, wollten weitermachen und den Versuch wagen, aber unser Boss blieb hart. Es war eine jener Krisen bei einer Expedition, in denen sich der echte Anführer beweist, und Shackleton bestand den Test. Von seiner Entscheidung hing das Leben seiner Männer ab, und seiner Meinung nach waren die Eisfelder auf dem Weg zur Insel Paulet unpassierbar.

Nachdem der Plan für die aktive Rettung trotz hel-

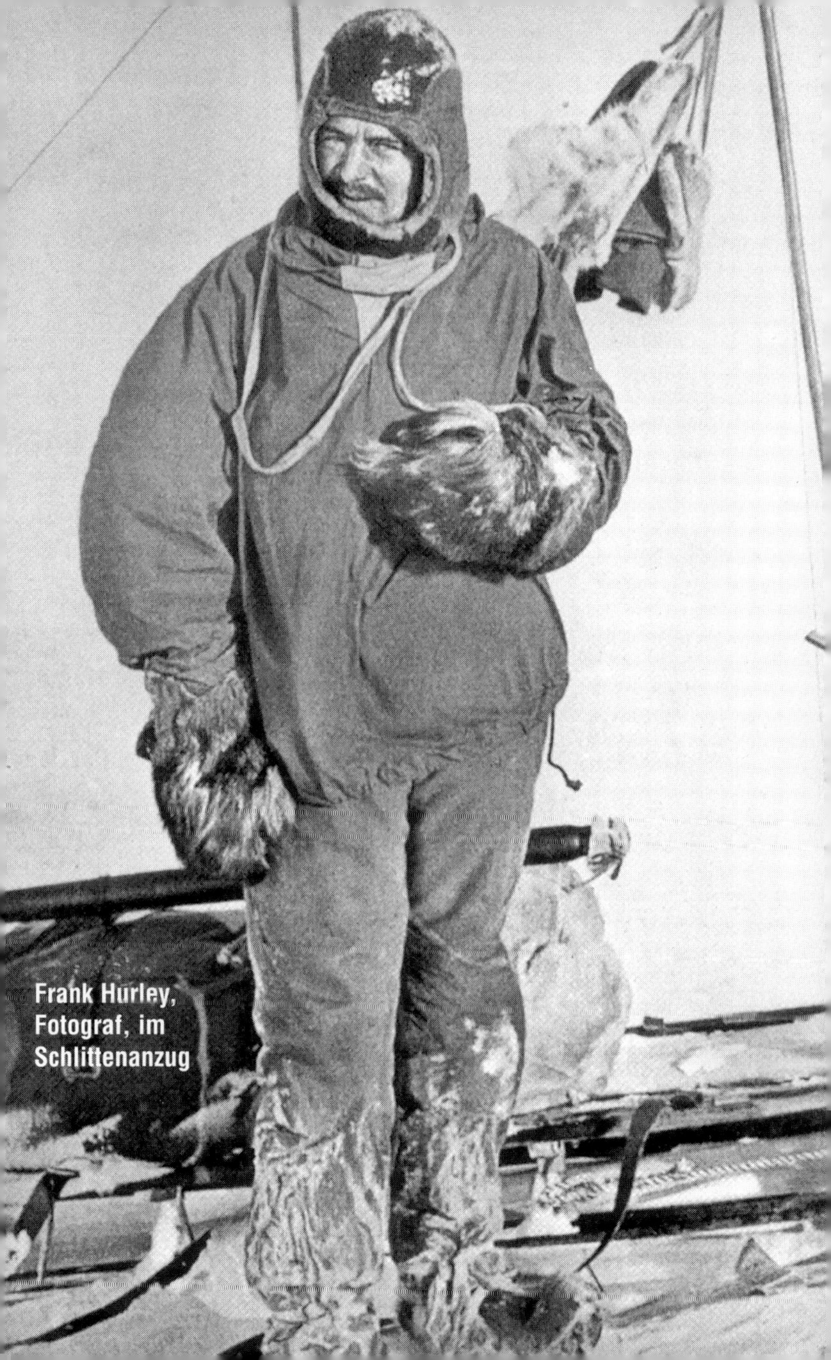

Frank Hurley, Fotograf, im Schlittenanzug

Abb. linke Seite:
Die *Endurance* in der Blüte ihrer Jugend, wie sie 1915, zu Beginn der Expedition, dem antarktischen Packeis trotzt.

Das Kielwasser des Schiffes im frischen Meereis, »Trümmereis« genannt, des Weddell-Meeres.

Wir versuchten einen Weg durch das Eis zu schlagen, aber da die Temperaturen auf 54° C unter dem Gefrierpunkt fielen, fror das Meer ebenso schnell wieder zu, wie wir das Eis zerhacken konnten.

Nachdem sie sich einen Weg durch 1500 Meilen eisgespicktes Meer gebahnt hat, wurde die *Endurance* fest von Eis umschlossen. Ein paar Tage später türmte ein Schneesturm das Eis zu einem Wirrwarr von Eishügeln auf. Shackleton war nur 30 Meilen von seinem geplanten Ziel entfernt.

Die Blitzlicht-Studie einer Geistererscheinung: die *Endurance*, deren Rumpf und Takelage mit glitzerndem Rauhreif überzogen sind.

In der Dunkelheit des tiefen Winters verteilt Hurley das Mittagessen – zwei Pfund Robbenfleisch – an sein Hundegespann.

Nach 90 Tagen tauchte im Norden die Sonne wieder auf und mit ihr eine neue Gefahr: ein mächtiger Eisberg bahnte sich einen Weg durch das Packeis und bedrohte das gefangene Schiff. Gerade noch rechtzeitig kam ein Schneesturm, der diese beängstigende Eismasse vom Kurs abbrachte und die *Endurance* rettete.

Der Druck vieler Millionen Tonnen Eis machte das hilflose Schiff zu einem Spielzeug. Es wurde drei Meter hoch aus dem Meer gedrückt und schwer beschädigt.

Die Eisschollen zerbrachen, dann stießen sie wieder zusammen, und unter ihrem unwiderstehlichen Druck gaben die Spanten nach und das Wasser strömte ein. Das Schiff war tot.

Indem wir zwei Boote umdrehten und rundherum mit Segeltuchfetzen und Schnee abdichteten, erhielten wir einen Unterschlupf. In seinem überfüllten, dunklen Inneren lebten 22 Männer fünf Monate lang wie halb eingefrorene Sardinen.

Frank Wild mit Lupoid, einem der 54 Schlittenhunden, die das Weddell-Meer erreichten. Als das Schiff im Eis feststeckte, kamen sieben Welpen zur Welt.

Shackletons Argonauten – die Männer, die auf der Elefanteninsel zurückblieben, während der Boss aufbrach, um Hilfe zu holen. In den fast fünf Monaten bis zu ihrer Rettung lebten sie fast ausschliesslich von Robben- und Pinguinfleisch.

Endlich Rettung … Jubelrufe begrüßten das näher kommende Boot der *Yelcho,* des chilenischen Trawlers, mit dem Shackleton seine Männer schließlich heimholte. Drei tapfere Versuche waren gescheitert, bevor die Schiffbrüchigen erlöst werden konnten.

denhafter Anstrengungen endgültig gescheitert war, fanden wir uns mit der einzigen Alternative ab, der Strategie des passiven Abwartens. Jetzt hofften wir, dass das Treibeis nordwärts ins offene Meer driften würde, wo wir die Boote wassern und versuchen konnten, eine der Walfangstationen auf den 450 Meilen entfernten Südshetland-Inseln zu erreichen. An diesen rettenden Strohhalm klammerten sich 28 Männer, und doch hielt er uns in den fünf elenden Monaten, die folgten, über Wasser. Wir wussten, dass die vorherrschenden Winde meist aus Süden kamen und dass auch die Strömungen in die nördliche Richtung führten. Außerdem war uns bekannt, dass selbst während unserer Gefangenschaft auf dem Schiff das ganze riesige Eisfeld in Bewegung gewesen war; denn wir hatten täglich mit dem Theodoliten unsere Position ermittelt und wussten auf ein paar hundert Meter genau, wo wir uns befanden. Kurz, wir hockten auf einem gigantischen Eisfloß, das in absehbarer Zeit unweigerlich auseinander brechen würde, und standen jetzt vor dem Problem, trotzdem so weit mit ihm zu reisen, wie es uns trug. Rechtzeitig vor dem Auseinanderbrechen mussten wir uns dann von ihm lösen, ohne dass Verluste an Leben oder Vorräten entstanden und ohne dass unsere letzte Zuflucht, die Boote, Schaden nahmen.

Unsere erste Aufgabe bestand darin, ein mehr oder weniger ständiges Lager zu errichten, das zweitens ausgestattet und verproviantiert werden musste. Die Stelle, an der ein weiterer Vormarsch zum Land unmöglich geworden war, schien ein geeigneter Platz zu sein, deshalb machte sich eine Abteilung an die Arbeit, während die andere, geführt von Wild, mit den Schlitten zurück zum Schiff fuhr, um noch mehr Vorräte zu bergen.

Das ›Ocean Camp‹, wie wir es nannten, lag etwa vier Meilen von der *Endurance* entfernt. Es bestand aus den Booten, den Zelten für die Unterkunft der Mannschaft und der von den Matrosen errichteten sieben mal drei Meter großen Segeltuchhütte, die als Küche und Windschutz diente und ›Billabong‹ getauft wurde.

Im kleinsten Zelt teilten der Boss, James Hudson und ich uns den beschränkten Raum, und auch die, die auf dem Schiff enge Freunde geworden waren, blieben beieinander.

Unterdessen hatten die Hundegespanne und ihre Lenker viel zu tun, doch freuten sich alle ausnahmslos über die Arbeit. Wir fuhren fort, das Wrack systematisch leer zu räumen und vom ›Schrottplatz‹, dem ersten Lager neben dem Schiff, alles mitgehen zu lassen, was sich jemals als nützlich erweisen konnte. Dieses Unterfangen war recht gefährlich, denn nur die großen Eiszungen, die ihre Rippen durchbohrt hatten, hielten die *Endurance* noch über dem hier 3800 Meter tiefen Ozean.

Nachdem sie die überstehenden Sparren entfernt und tonnenweise Eis und Schnee fortgeräumt hatten, bastelten Wild und seine Männer aus einem großen Eismeißel, der an einem Sparren befestigt war, eine Art

Werkzeug, mit dem sie direkt über unseren ehemaligen Quartieren ein Loch ins Deck stemmten. Kaum hatten sie die Planken entfernt, quollen Walnüsse, Zwiebeln und andere Kleinteile daraus hervor. Sorgfältig stocherten sie mit Bootshaken im Wasser herum, bis Kiste um Kiste in der Öffnung auftauchte. Jedes Mal, wenn sie eine Kiste mit Leckerbissen ans Licht zogen, brach Jubel aus. Als ich auf der Bildfläche erschien, bekam ich gerade noch mit, wie ein Fässchen doppeltkohlensaures Natron mit enttäuschtem Stöhnen begrüßt wurde. Die Abteilung arbeitete den ganzen Tag über mit Hochdruck, um die Ruhe im Eis zu nutzen, und bis zum Abend waren praktisch alle Kisten gefunden. Das ganze Mehl war gerettet und auch eine große Menge Zucker – diese beiden Produkte galten als das Wichtigste. Die voll beladenen Gespanne waren den ganzen Tag damit beschäftigt, die eisbedeckten Kisten sowie Holz und diverses Treibgut zum Lager zu transportieren, dabei machte jedes Gespann durchschnittlich fünf Fahrten.

Am nächsten Tag, als die Bergung abgeschlossen war, ging ich unbemerkt vom Boss mit einem der Matrosen hinüber zum Schiff. Ich musste einfach versuchen, meine Filme und Negative zu retten. Wir hackten uns einen Weg durch die geborstenen Planken, und nachdem wir vergebens mit Bootshaken im Eiswasser gefischt hatten, entschloss ich mich, nach ihnen zu tauchen. Es war eine mächtig kalte Angelegenheit, im halbdunklen Schiffsrumpf im Eisbrei herumzutasten, aber am Ende hatte ich Glück und fand die drei kostbaren Behälter. Während Matrose How mich noch kräftig massierte, um meinen Blutkreislauf wieder in Gang zu bringen, begann das Schiff zu zittern und seltsam zu stöhnen. Wir rannten um unser Leben und sprangen auf das Eis – fast direkt in die Arme unseres erstaunten Expeditionsleiters, der fragte: »Was zum Teufel macht ihr da?«

Doch gut gelaunt wie immer akzeptierte Sir Ernest die Tatsachen und war wohl auch froh über die Rettung. Für die Filmrechte war bei der Finanzierung der Expedition viel Geld gezahlt worden und wir hatten unsere Ware schließlich wieder herbeigeschafft.

In diesem Zusammenhang möchte ich erwähnen, dass ich eine schlimme Stunde verbrachte, als ich unter den Negativen eine Auswahl treffen sollte, damit das Gewicht bei der Weiterreise möglichst gering blieb. Sir Ernest und ich sahen die Platten gemeinsam durch, und wenn ein Negativ aussortiert wurde, zerschmetterte ich es auf dem Eis, damit ich nicht in Versuchung kam, meine Meinung zu ändern. Schließlich war die Wahl getroffen und die Filmerollen und Platten, die ich für unverzichtbar hielt, wurden in doppelt hermetisch verschlossene Behälter verpackt und dann in einem der Boote verstaut. Ungefähr 400 Platten warfen wir fort und 120 behielten wir. Später musste ich sie fast mit meinem Leben verteidigen, denn es kam eine Zeit, in der wir zu entscheiden hatten, ob sie über Bord gehen sollten oder unser Reserveproviant – wir opferten den Proviant. Ich musste meine gesamte fotografische Ausrüstung zurücklassen, bis auf eine kleine Taschenkamera und drei Rollen unbelichteten Film. Manchmal frage ich mich, ob es jemals drei Rollen Film gab, die vor ihrer Entwicklung mehr mitgemacht haben.

Wo wir gerade beim Thema Bergung sind, möchte ich noch hinzufügen, dass ich aus der Kabine des Bosses die Lexika rettete und einen Großteil meiner persönlichen Bibliothek sowie mehrere Päckchen Spielkarten. Dafür sollten wir an etlichen Tagen noch dem Himmel danken. Zahllose langweilige Stunden vergingen beim Lesen und manch riesiges, aber rein erfundenes Vermögen wechselte beim Kartenspiel den Besitzer.

Eines der letzten Dinge, die aus dem Wrack geborgen wurden, war die eiserne Kohlenrutsche, aus der ich einen Tranofen baute, indem ich mit einem kleinen Meißel Löcher für die Töpfer in das dünne Eisenblech stemmte. Verschiedene Ölfässer und leere Dosen vervollständigten die Erfindung, die wesentlich zur Erleichterung der Küchenarbeit und zu unserem Wohlbefinden beitrug.

So begaben wir uns, gut untergebracht und bestens versorgt, auf eine der wohl außergewöhnlichsten Reisen in der Geschichte der Seefahrt. Um uns herum, so weit das Auge reichte, nichts als Schneefelder, die nicht einmal der fantasievollste Betrachter für die gefrorene Meeresoberfläche hätte halten können. Uns selbst fiel es schwer zu glauben, dass wir auf einer gigantischen Treibeisscholle lebten und nur wenige Meter Eis uns vom 3600 Meter tiefen Ozean trennten. Angetrieben wurden wir von den gewaltigen Kräften der Natur, die wir weder kontrollieren noch beeinflussen konnten, und unser Steuermann war der Schöpfer und Lenker dieser Kräfte.

Am 8. November 1915 statteten wir den Resten der *Endurance* den letzten offiziellen Besuch ab. Vom zertrümmerten Heck feuerten wir zum Gruß der Flagge, die immer noch über dem Gewirr von Holzstücken und verbogenen Stangen flatterte, eine Leuchtrakete ab. Und dann verließen wir sie. Es dauerte allerdings noch 14 Tage, bis das Wrack sich weiterer Folter entzog und auf seinen letzten Ruheplatz sank. Es war Abend und wir lagen alle in unseren Schlafsäcken, als Sir Ernest vom Ausguck rief: »Sie sinkt, Jungs.« Wir eilten aus den Zelten und kletterten auf die Plattform und andere Aussichtspunkte. Es war deutlich zu sehen, etwa drei Kilometer entfernt lag das gute alte Schiff im Todeskampf. Das Heck stieg senkrecht empor, dann tauchte es schnell unter das Eis. Kurz darauf türmten die Eisschollen sich zu einem hohen Grat auf – einem Denkmal für das Schiff. Seinen Namen, ›Ausdauer‹, hätten wir uns als Motto für das, was uns noch bevorstand, ruhig auf die Fahnen schreiben können.

Mit dem Untergang des Schiffes verdüsterte sich die Stimmung im Lager für kurze Zeit. Obwohl es bis zur Unkenntlichkeit zerstört war, war es für uns immer noch ein Symbol für die Zivilisation und die Verbindung zur Außenwelt gewesen. Nun, da es fort war, überkam uns das Gefühl großer Isolation und Einsamkeit. Aber das ging vorüber; später beim Essen waren alle so heiter und fröhlich wie immer, und Sir Ernest neckte den Smutje, weil die Pfannkuchen so klein und dünn geraten waren. Der Koch erwiderte schlagfertig, Proviantmeister Lees quäle seit dem Untergang des Schiffes die Vorstellung, dass alle hungers sterben könnten, so dass er ihm für die Pfannkuchen nur die halbe Ration Mehl ausgeteilt habe.

»Oh! Also gut, mach doppelt so viel Pfannkuchen und hol dir mehr Mehl von Lees«, gab Sir Ernest zu Antwort.

Von diesem Tag an bis zum Ende des Jahres wurde unser Lager in guten und schlechten Zeiten ordentlich geführt und es herrschte gute Kameradschaft. Wir waren gesund und bekamen reichliche Kost, die manchmal noch durch streunende Robben und Pinguine ergänzt wurde.

In sechs Wochen drifteten wir 120 Meilen. In der letzten Jahreswoche brachen wir das Lager ab und unternahmen einen weiteren verzweifelten Versuch, Land zu erreichen. Auch dieser Versuch musste aufgegeben werden. Die Oberfläche war ein Chaos aus Hügeln, Kämmen, Sprüngen und verborgenen Fallen, die ein Fortkommen absolut unmöglich machten. Daraufhin wurde ein neues Lager errichtet – ›Patience Camp‹. Es lag etwa 10 Meilen westlich des alten Lagers und damit strategisch besser zur Insel Paulet, die sich jetzt 189 Meilen nordwestlich befand.

Das neue Jahr begrüßten wir mit großem Hallo. Rinnen und Tümpel auf allen Seiten deuteten zu unserer Freude darauf hin, dass das Eis dabei war aufzubrechen und wir somit frühzeitig die Gelegenheit bekommen würden, die Boote zu wassern. Aber danach herrschte 14 Tage scheußliches Wetter, die Schollen schlossen sich und Drift und ungünstige Winde drängten uns wieder sieben Meilen zurück.

Dann waren wir gezwungen, etwas Trauriges zu tun. Schon seit einiger Zeit war uns klar, dass die Zahl der Hunde verringert werden musste. Es war ein schmerzlicher Gedanke, aber wegen der immer weiter aufbrechenden Oberfläche konnten sie kaum noch eingesetzt werden, verschlangen aber gleichzeitig einen zu großen Teil unserer Vorräte, da der Nachschub an Robben ausblieb. Am 14. Januar machte ich mich auf die mühevolle Suche nach Robben – auf dem zerbrochenen und geborstenen Eis war das Fortkommen sehr schwierig – und erreichte den Pinnacle Berg. Von seiner Spitze aus suchte ich mit zwölffach vergrößernden Prismen meilenweit die Eisschollen ab, aber nirgendwo war auch nur eine Flosse zu sehen. Diese Nachricht besiegelte das Schicksal der Hunde, und am Nachmittag wurden vier Gespanne – die von Wild, Crean, Marston und McIlroy – erschossen. Das waren 35 großartige Schlittenhunde, und sie hatten uns treu gedient, aber früher oder später musste es so kommen, und da sie pro Tag eine ganze Robbe verspeisten, die der gesamten Mannschaft drei Tage reichen würde, war die Entscheidung unvermeidlich. Mein Gespann und das Macklins waren ebenfalls zum Tode verurteilt, aber die Hinrichtung wurde auf meinen Vorschlag hin verschoben, bis wir einen Versuch unternommen hatten, das Ocean Camp zu erreichen, um das zu holen, was dort an Mehl und Vorräten noch lagerte.

Macklin und ich verbrachten den Nachmittag damit, vom Lager zur benachbarten großen Scholle einen Weg zu ebnen, der uns einen ungehinderten Start zum Ocean Camp erlauben sollte. Um 6 Uhr 30 fuhren wir los, und nach zwei Meilen unsteter Fahrt kamen wir in ein extrem schwieriges Gebiet mit Wasserrinnen und Presseisrücken. Die Rinnen überquerten wir mit Hilfe von Eisblöcken, und durch die Eisrücken mussten wir uns einen Weg schneiden. Nach etwa vier Stunden Hacken und Schaufeln hatten wir eine weitere Meile geschafft. Dann wurde die Oberfläche fast unpassierbar, die Hunde versanken bis zum Bauch im weichen Schnee und mussten sich ihren Weg mühsam freikämpfen. Alle paar Schritte sackten wir bis zu den Hüften ein. Schließlich spannten wir die beiden Teams zusammen und ich lief auf Schiern voran, um den Weg zu bahnen. Auf diese Weise ging es viel besser, aber das Fortkommen war immer noch so anstrengend, dass wir den Hunden häufig Erholungspausen gönnen mussten. Um 16 Uhr 30 erreichten wir das Ocean Camp. Wir hatten zehn Stunden gebraucht, um zehn Meilen zurückzulegen. Eine gute Tasse Kaffee und ein Teller Blumenkohl aus der Dose mit Irishstew, aus den Vorräten heraus gesucht, die wir beim Aufbruch hatten zurücklassen müssen, weckten unsere Lebensgeister wieder. Dann machten wir uns daran, unsere Ladung zusammenzustellen.

Ocean Camp machte einen verlorenen Eindruck, es erinnerte an eine verlassene Bergarbeitersiedlung in Alaska, die von Banditen geplündert worden war. Die zurückgelassene Ausrüstung ruhte begraben im Schnee, und überall hatten sich Pfützen gebildet. Das Billabong selbst lag in einem etwa einen Meter tiefen See. Wir gaben den Hunden eine volle Pemmikanration, ruhten uns ein paar Stunden aus und hatten dann trotz der schweren Ladung eine viel leichtere Rückfahrt, weil wir uns jetzt an den Weg halten konnten, den wir uns auf der Hinreise geebnet hatten. Sechs Stunden später kehrten wir ins Lager zurück, mit über 400 Kilo Zusatzproviant – fast ein Monatsvorrat mehr an Schlittenrationen.

Am Sonntag wurde im Lager nicht viel getan und Macklin und mir war es nur recht, dass wir uns ausruhen konnten. Am Nachmittag erschoss Wild mein Gespann – eine traurige, aber notwendige Aufgabe. Bekümmert verabschiedete ich mich von Shakespeare, meinem treuen alten Leithund. Es war, als brächte man kaltblütig einen lieben Kameraden um, aber es gab leider keine Alternative. Die Vorräte gingen zur Neige, und dieses Ende war auch deswegen unvermeidlich, weil wir die Hunde nicht mit in die Boote nehmen konnten. Macklins Gespann behielten wir für den Fall, dass noch irgendwelche Transporte nötig wurden.

Zwei Wochen später versuchten wir, auch noch das dritte Boot, *Stancomb Wills*, zu holen, das wir bis dahin beim Ocean Camp liegen gelassen hatten. Beobachtungen zeigten, dass die Entfernung zwischen unserem alten Ocean Camp und dem neuen Patience Camp von zehn auf sechs Meilen geschrumpft war, weil die Eisschollen sich verschoben hatten. Da es immer noch die ganze Nacht über hell blieb, verließen Crean und ich um ein Uhr morgens mit den Hunden das Lager, um einen Weg auszukundschaften. Ein Team von 16 Männern folgte unserer Spur und legte die Entfernung in ein paar Stunden zurück, statt in zehn wie bei unserer ersten Tour. Diesmal lief alles bestens. Bei der Rückreise gingen Crean, James, McIlroy und ich als ›Bahnbrecher‹ voran – wir zerstörten Grate, schleiften Hügel und überbrückten Eissprünge, während die anderen das Boot auf Kufen vorwärts zogen. Das Hundegespann transportierte Vorräte und andere Kleinigkeiten. Sir Ernest hatte einen seiner brillanten Einfälle und kam uns eine Meile vor dem Lager mit zwei Kannen dampfendem Tee entgegen. Wir jubelten fröhlich, wenn auch heiser vor Erschöpfung, und sangen ›For He's a Jolly Good Fellow‹. Nichts ›Trinkbares‹ auf der ganzen Welt konnte sich mit einem Becher Tee messen; nichts bringt einen müden Körper wieder so in

Schwung wie heißer Tee. Jeder von uns hätte 27 Tassen trinken können, wie der berühmte Dr. Johnson. Belebt und erfrischt brachten wir die letzte Meile mit Leichtigkeit hinter uns, und in weniger als einer Stunde lag das Boot auf der Patience Camp-Scholle. Wie es uns später aus der Not helfen sollte, werde ich noch berichten. Ein paar Tage später stellten wir fest, dass das Ocean Camp wieder mehrere Meilen weiter weg war; das Eis hatte sich geöffnet und der Versuch, es mit dem letzten Hundegespann noch einmal zu erreichen, scheiterte. Wir sollten nie wieder Gelegenheit haben, es zu besuchen. Das Boot war gerade noch rechtzeitig gerettet worden.

Unsere Mahlzeiten wurden jetzt auf einem transportablen ›Herd‹ zubereitet, den ich aus zwei Ölfässern und verschiedenen Metallteilen gebastelt hatte. Der kleine Ofen schluckte alles, was brennbar war, aber wenn er mit Robbentran und Pinguinhäuten beschickt wurde, glühte er wie ein kleiner Hochofen. Green, der tüchtige Koch der *Endurance*, kam nach wie vor unverzagt seinen Pflichten nach. Wir hatten eine ›Küche‹ oder, besser gesagt, einen Windschutz errichtet, indem wir vier Ruder in den Schnee rammten und dazwischen ein altes Segel spannten. Greens ständige Arbeit im fliegenden Ruß verlieh ihm das Aussehen eines fröhlichen Schornsteinfegers, der sich seit Monaten nicht gewaschen hat. Er kochte ordentlich – manchmal sogar zu gründlich –, und wenn einer über die lederne Zähigkeit oder die übertriebene Knusprigkeit seiner Robbensteaks meckerte, war er um eine Ausrede, die natürlich niemals ihm, sondern stets der Robbe die Schuld gab, nie verlegen.

Alle betätigten sich abwechselnd als ›Steward‹ für ihr Zelt. An diesem Tag hatte man die Aufgabe, zur Küche zu gehen, den Eintopf mit dem Fleisch zu holen und den hungrigen Mitbewohnern zu bringen. Dann verteilte der ›Steward‹ das Fleisch in möglichst gleich große Portionen und ›verloste‹ sie. Dabei drehte ihm einer der Bewohner den Rücken zu, so dass er die Steaks nicht sehen konnte, und der ›Steward‹ fragte mit einer Portion in der Hand: »Für wen?« Daraufhin nannte der Gefragte den Namen eines Zeltkameraden, und so wurde das Essen ›unter die Leute gebracht‹.

Besteck und Geschirr waren sehr einfach. In unserem Zelt gab es ein feststehendes Messer, das allen gehörte. Außerdem hatte jeder zusätzlich zu seinem Dosendeckel, den er als Teller benutzte, noch einen Löffel, der entweder von der *Endurance* stammte oder aus Wrackteilen selbst gefertigt war. Einen Löffel oder ein Messer zu verlieren war ein großes Unglück. Mittlerweile begannen wir zu fürchten, dass die Nahrungsmittel knapp werden könnten und gaben sparsamere Rationen aus. Daher hatten wir uns angewöhnt, die Mahlzeiten möglichst lange hinauszuziehen, damit man nicht so merkte, wie dürftig sie geworden waren, und man wenigstens so tun konnte, als wäre man satt. Mit einem Seufzer kratzte man beharrlich den letzten Rest vom Dosendeckel, leckte den Löffel ab und steckte ihn in die unentbehrliche Brusttasche am Wollhemd. Dann trug der ›Steward‹ den Topf nach draußen und reinigte ihn mit Schnee. Manchmal wurde das Rezept auch durch eine Ration Hundepemmikan abgewandelt. Der war von den Herstellern in 450 Gramm-Dosen abgefüllt worden, und der ›Steward‹ für den nächsten Tag nahm diese Dose über Nacht mit in den Schlafsack, damit sie auftaute. Zum Frühstück wurde das Pemmikanstück in vier gleich große Würfel geteilt und wie üblich ›unter die Leute gebracht‹. Zu trinken gab es eine Mischung aus Milchpulver und heißem Wasser, die hauptsächlich wegen der Wärme geschätzt wurde. Dieser Trank wurde, im richtigen Verhältnis mit dem Hundepemmikan gemischt und gut umgerührt, zu einer etwas zweifelhaften Mixtur, die ein bisschen an Haggis erinnerte.

Die Essenszeiten waren auch die Zeiten, in denen wir uns unterhielten, besonders nach dem Abendessen, wenn die Pfeifen angesteckt wurden.

Das Wetter, ein abgedroschenes Thema in der zivilisierten Welt, war für uns lebenswichtig und daher der Hauptgesprächsstoff in den Zelten. Der Wind war die treibende und lenkende Kraft, die uns in die Freiheit führen konnte. Wenn eine günstige Brise wehte und die Sonne schien, unterhielten wir uns angeregt und hoffnungsfroh. Schlechtes Wetter, widrige Winde und Driften, die uns zurückwarfen, ließen uns traurig verstummen. ›Woher weht der Wind?‹ war die allgegenwärtige Frage im Lager. Jedes launische Lüftchen wurde genau registriert, so als sei es Teil eines raffinierten Mechanismus, der gut gewartet werden musste. Kälte, Stürme und Entbehrungen kümmerten uns nicht, solange der Wind mit uns war. Alle vier Stunden erstattete unser Meteorologe Hussey, der Überbringer der guten oder schlechten Nachrichten, in unserem Zelt Bericht und lieferte Sir Ernest die Wettervorhersage. Jeden Mittag nahm Worsley seinen Sextanten und James seinen Theodoliten, und dann wetteiferten die beiden darum, den Breitengrad zu bestimmen und zu errechnen, welche Strecke das Meer-Eis in den letzten 24 Stunden zurückgelegt hatte. Ihr Bericht wurde von allen ängstlich erwartet. Wenn er außergewöhnlich günstig ausfiel, wurden unsere knappen Rationen größer; waren wir wieder zurückgedriftet, verschlimmerte die düstere Stimmung sich noch durch die zunehmende Sparsamkeit.

Das zweitwichtigste Thema der Gespräche war ›Essen‹. Wenn die Robben knapp wurden, zwickte der Hunger, und die Unterhaltung geriet ins Stocken. Oft dachten wir uns die Zusammenstellung zukünftiger Menüs aus, wobei alle sich einig waren, dass sie lieber gut und reichlich essen als eine Reihe ›ausgefallener‹ kleiner Gerichte probieren wollten, selbst wenn man sie ihnen auf Silbertellern reichen würde. Für ein Essen, wie es uns vorschwebte, wurde der bezeichnende Name ›Fressmahl‹ geprägt.

Seltener kam es zu poetischen Ergüssen; und obwohl wir gern Zeilen von Tennyson, Service, Keats und

Browning rezitierten, eine seltsame Zusammenstellung in einer solchen Wildnis, erinnerten die Gedichte uns meist doch bloß ans Essen.

Sir Ernest war ein großartiger Zeltgenosse. Zwischen uns hatte sich eine enge Freundschaft entwickelt, und immer wenn die Zukunft am düstersten aussah, lief er zu Hochform auf. Nie ließ er den Mut sinken, obwohl er in jenen Tagen gealtert zu sein schien. In den Fältchen seines lachenden Gesichts konnte ich lesen, dass sein Geist niemals ruhte, sondern unentwegt damit beschäftigt war, Rettungspläne zu schmieden oder unerwartete Überraschungen vorauszusehen. Er war vollkommen selbstlos und wunderbar tolerant – nie dachte er an sich, und trotz seiner ständigen Sorge berücksichtigte er selbst unsere kleinsten Wünsche. Unter solchen Bedingungen, wenn die Hüllen der Zivilisation abgestreift sind, kommt das wahre Ich zum Vorschein. Wenn man so eng zusammenlebt und ständig Gefahren ausgesetzt ist, fühlt man, was der Mitmensch denkt, ja, man kann ihm sogar bis auf den Grund der Seele blicken. Und was ich auch an gefährlichen und schwierigen Situationen erlebt haben mag, das Vertrauen und die Kameradschaft dieses Mannes haben mich reichlich dafür belohnt.

Trotz der Verantwortung, die auf ihm lastete, behielt Sir Ernest jene jugendliche Unbekümmertheit, die wir alle so an ihm mochten. War etwas passiert, was ihn in gute Stimmung versetzte, erzählte er mitreißende Geschichten von Piraten und Königen. Dann leitete er

Fantasieexpeditionen in die Südsee und zu den Ostindischen Inseln, die nach vergrabenen Schätzen und Perlen suchten. Er nannte uns sogar die genauen Breiten- und Längengrade, an denen sie zu finden wären. Oft begleitete ich ihn im Geiste bei einem seiner glorreichen Abenteuer, freudig erregt über die Schatzsuche, nicht wegen der Beute, sondern aus reiner Freude an der Jagd.

Sir Ernests Gedächtnis war phänomenal. Zu allem fiel ihm das passende Zitat oder Sprichwort ein. Als geborener Dichter konnte er trotz aller Bedrängnis die Größe und Schönheit der unbeugsamen Kräfte erkennen, die uns in die Not gebracht hatten, gegen die wir ankämpften.

Manchmal geriet die Unterhaltung auf seltsame Bahnen, so ging es etwa um die Entwicklung des Handels am Jenissej, Kunst und Handwerk im alten Ägypten, Vergleiche zwischen dem Leben in London, New York und Paris usw. Außerdem gab es Debatten um so unterschiedliche Themen wie die Geburtenrate, die Alkoholfrage, die Geheimnisse der Leuchtturmoptik, den Schiffsbau, die schwer fassbare unbekannte Größe X und so fort. Streitigkeiten wurden mit Hilfe der *Encyclopaedia Britannica* entschieden. Aber die mit Abstand beliebteste Unterhaltung in den Zelten drehte sich um fremde Länder und unbekannte Orte. Ich berichtete von Reisen durch Ostindien und Wanderungen im australischen Hinterland und freute mich dafür über Erzählungen von läutenden Tempelglocken in Burma und Geschichten aus der Heimat, vom schönen schottischen Hochland bis nach London mit seinem geschichtsträchtigen Strom – der Themse. Wenn der abendliche Eintopf mit seiner prickelnden Wärme das Blut zum Fließen und den Körper zum Glühen gebracht hatte, legten wir uns gewöhnlich in unsere Schlafsäcke und ließen die Gedanken schweifen. Wie gern hätten wir wieder einmal das wunderbare Gefühl genossen, Kleidung nach der neuesten Mode zu tragen und unsere Taschen (wenn wir überhaupt welche hatten) mit Luxusartikeln und anderem Schnickschnack zu füllen. Als der Winter näher kam, wurde es im Zelt schnell dunkel, und so verkrochen wir uns mit einem letzten Stoßgebet in unseren Schlafsäcken, um von der Rettung, der Heimat, Partys und Einladungen zum Abendessen zu träumen, damit wir Stoff für die morgige Unterhaltung hatten.

Sir Ernest und ich gewöhnten uns an, jeden Nachmittag sechsmal Poker-Patience zu spielen, und nach zehn Wochen lagen wir Kopf an Kopf. Auf dem Papier hatte ich einen Rasierspiegel und mehrere Zylinder gewonnen, dazu genug Spazierstöcke für ein ganzes Regiment, mehrere Paare Manschettenknöpfe und eine Bibliothek von Büchern. Außerdem hatte ich auf Sir Ernests Kosten bei ›Claridges‹ gespeist und in der Oper in einer Loge gesessen. Sir Ernest besaß dafür im Geiste zahllose Taschentücher aus feinstem Leinen, seidene Regenschirme, einen Spiegel und eine wertvolle Sammlerausgabe von ›Das wiedergewonnene Paradies‹; er war bei einem Abendessen im ›Savoy‹ mein Gast gewesen und hatte auf meine Kosten nahezu sämtliche Theater Londons besucht.

Da ich ein guter Schiläufer war, fiel es während unserer Zeit im Patience Camp hauptsächlich mir zu, für die Mannschaft zu jagen und für den Nachschub an Nahrung und Brennstoff zu sorgen. Die Robbenjagd kann wohl kaum zu den noblen Sportarten gezählt werden, aber wenn von dieser Jagd abhängt, ob 28 Männer Frischfleisch, Feuer und Licht bekommen, wird sie mit einem Eifer betrieben, der über rein sportlichen Ehrgeiz weit hinausgeht. Ausgerüstet mit einem Paar guter Schier ging der Jäger auf die Pirsch, und wenn kein Wild zu sehen war, machte er einem der Berge – Flat Mountain oder Pinnacle Mountain – seine Aufwartung und suchte von dieser Warte aus mit einem starken Fernglas sorgfältig die Eisfelder ab. Manchmal war in der Ferne dann ein dunkles schneckenähnliches Objekt zu erkennen, das neben einem Hügel in der Sonne badete oder am Rande einer Rinne lag. Vielleicht boten sich ja auch noch ein paar andere Robben an, und nachdem der Jäger die Beute ausgewählt hatte, die vom Lager aus am einfachsten zu erreichen war, fuhr er los und versuchte so nahe wie möglich heranzukommen, ohne gesehen zu werden. Manchmal waren dazu allerdings gar keine Vorkehrungen nötig, denn die Weddell-Robbe, ein großartiger Schwimmer und im Wasser die Verkörperung geschmeidiger Grazie, ist auf Eis sehr langsam und leicht zu töten. Ein Schi ist eine gute Waffe, und nach der herkömmlichen Methode betäubt der Jäger sein Opfer mit einem kräftigen Schlag auf die Nase und schneidet ihm dann mit einem Schnitt die Kehle durch. Es ist ein brutales, schmutziges Geschäft, aber wir hatten keine andere Wahl.

Auf einer festen Scholle zu jagen war nicht weiter gefährlich, aber wenn man sich bis auf das berstende Packeis vorgewagt hatte, musste man vorsichtig sein. Dann waren Schier unentbehrlich, denn Risse bis zu anderthalb Meter Breite waren zu überqueren. Im Umgang mit diesen Rissen und dem losen Packeis entwickelten wir beim Gehen eine katzenartige Vorsicht.

Die Pinguinjagd verlief fast genauso wie die Robbenjagd. Doch obwohl weder Robbe noch Pinguin sich verteidigen, besteht ein Risiko in Gestalt der Killerwale, die dazu neigen, ihre hässlichen Köpfe mit lautem Schnaufen durch das dünne Eis zu stoßen, was den Jäger augenblicklich veranlasste, sich schleunigst auf einer festen Scholle in Sicherheit zu bringen. Oft bin ich ihnen bei meinen Ausflügen nur knapp entkommen. Gelegentlich öffnete sich das Eis zu einer weiten Rinne, und ich überquerte das Wasser auf einer kleinen Scholle, indem ich meine Schier als Paddel benutzte. Diese Abkürzungen gewöhnte ich mir allerdings schnell wieder ab, als eines Tages in einer Rinne eine Familie von sieben Killerwalen rund um mich herum zu blasen begann und mir den Schreck meines Lebens einjagte.

Manchmal entdeckte ich ganze Kolonnen von Pinguinen, die zu groß waren, um allein damit fertig zu werden. Dann gab ich mit einem kleinen Taschenspiegel im Lager Nachricht, und alle Mann schwärmten mit Knüppeln bewaffnet zum Schlachten aus. Einmal konnten wir unsere schwindenden Vorräte gleich um 300 Pinguine aufstocken. Offenbar wanderten die Vögel von den Brutkolonien im Süden zu den Packeisgrenzen weiter nördlich. Die Häute dienten als Brennmaterial, aus den Füßen wurde Eintopf gemacht, aus den Brüsten Steaks, und zu besonderen Gelegenheiten gab es Leber und Herz. Eine Robbe verbrauchten wir, wenn wir sparsam damit umgingen, in fünf Tagen – genauso lang reichte ihr Fett zum Kochen. Zwanzig Pinguine, sozusagen im eigenen Saft geschmort, war der übliche Tagesschnitt. Auf der Scholle waren Eiskämme und Hügel emporgedrückt worden. Sie hatten ihren ursprünglichen Gehalt an Salzwasser verloren, und aus dem Frischwassereis, das übrig blieb, schöpften wir unseren Vorrat an Trinkwasser. Bei allem, was wir auf der Scholle auch erlebten, das Wild blieb nie ganz aus. Manchmal waren wir gezwungen, die Rationen zu kürzen, aber wenn es uns ganz schlecht ging, hielt das Schicksal immer wieder eine Überraschung bereit. Ende März 1916 zum Beispiel, als die Vorräte bedenklich knapp wurden, erlegten wir einen riesigen Seeleoparden, in dessen Bauch wir etwa fünfzig Fische fanden, die bestens erhalten waren. Wir aßen sie mit großem Genuss. Direkt danach wurde ein zweiter, über drei Meter langer Leopard von mehreren Männern aus einer Rinne gelockt, indem sie wie Pinguine an der Eiskante herumhüpften. In derselben Nacht stolperte eine Krabbenfresserrobbe im Dunkeln über unser Lager.

Unterdessen schauten wir immerzu ängstlich nach dem Wetter aus. Wenn der Wind heulte und tobte, sorgten wir uns nicht, wurden aber unruhig, wenn er sich legte. Es gab eine Zeit, die besonders quälend verstrich, und während der wir im Laufe eines Monats den südlichen Polarkreis mehr als ein dutzend Mal in verschiedenen Richtungen kreuzten. Es schien tatsächlich so, als hielte uns der Geist der Antarktis gefangen und hindere uns daran, seine Grenzen, den 67. Breitengrad, zu überschreiten. Schließlich verbannte ein Schneesturm uns für mehrere Tage in unsere Zelte, während der Wind konstant aus Südwesten blies. Als das Wetter wieder gut genug war für eine Positionsbestimmung, erwarteten wir das Urteil der Navigationsoffiziere (Worsley und Crean) mit Sorge. Es fiel nicht nur günstig, sondern höchst erfreulich aus – Breite 65° 43′. Wir hatten es geschafft. In vier Tagen hatten wir durchschnittlich jeweils fast 20 Meilen zurückgelegt. Der Bann war gebrochen, die Sonne kam hervor, und das Lager nahm das Aussehen einer Wäscherei an. Kleider, Schlafsäcke, Ausrüstungsgegenstände, Sachen aller Art schaukelten an Wäscheleinen im warmem Sonnenschein, und als die unangenehme Feuchte der vergangenen paar Tage trockener Behaglichkeit wich, erwachten unsere Lebensgeister, und vor unserem geistigen Auge sahen wir bereits das offene Meer. Doch schon zeigte sich wieder die Launenhaftigkeit des antarktischen Wetters, und widrige Winde wehten uns drei Meilen zurück.

Da ließen Enttäuschung, Langeweile, Nichtstuerei und die Rückkehr des schlechten Wetters das Leben fast unerträglich werden. Erschwerend kam noch hinzu, dass die Vorräte knapp wurden und wir stets hungrig waren. Die Schneestürme drangen mit ihrer beißenden Kälte durch unsere abgetragenen Sachen und überhäuften uns mit Schneematsch. Auch wenn der Wind sich legte und die Temperatur anstieg, besserte sich unsere Lage kaum, denn durch die Körperwärme taute der weiche Schnee unter unseren Schlafsäcken und alles wurde nass. Sank die Temperatur wieder, waren Kleidung und Schlafsäcke steinhart gefroren.

Wir schienen uns in einem eisigen Labyrinth zu befinden. Wenn die Schollen auseinander drifteten, stieg ein dichter, feuchter Nebel aus dem Wasser, der alles, was weiter als 50 Meter entfernt lag, den Blicken entzog. Dann, als der Südwind kam und den Nebel zerstreute und wir ungeduldig auf die Gelegenheit warteten, die Boote wassern zu können, fiel die Temperatur rapide, und das offene Wasser überzog sich erneut mit Eis.

Am 17. März lag die Insel Paulet nur 60 Meilen westlich von uns auf gleicher Höhe, aber die Eisfläche, die uns schon früher mit ihren unüberwindlichen Hügeln und Kämmen den Weg versperrt hatte, war durch den fortschreitenden Zerfall noch schlechter geworden.

Wir setzten unsere Hoffnung auf die Danger-Inseln, nichts als ein paar Felsnadeln in 35 Meilen Entfernung, die als unzugänglich galten, für Schiffbrüchige in unserer Situation aber eine Zufluchtsmöglichkeit boten.

Am 2. April erschoss Wild das übrig gebliebene Hundegespann. Die Kadaver wurden zerteilt und verspeist, aber wir fanden das Fleisch sehr zäh, denn die armen Tiere hatten seit längerer Zeit von sehr dürftigen Rationen gelebt. Wie sehr hatten wir gehofft, vom Eis so nahe ans Land getragen zu werden, dass wir sie leben lassen konnten. Aber bald stand uns der entscheidende Kampf bevor, und es wäre ganz unmöglich gewesen, sie auf eine Reise mitzunehmen, wie wir sie bald unternehmen mussten.

Sir Ernest, der in der Nacht des 22. März Wache hatte, rief mich früh am nächsten Morgen zu sich, um mich zu fragen, ob ich die Masse, die an einer Stelle aus dem Nebel ragte, auch für Land hielte. Es war eine der Danger-Inseln, und später am Tag sichteten wir eine Reihe nebelverhangener Bergspitzen auf der Insel Joinville. Nur 40 Meilen lagen zwischen uns, aber diese 40 Meilen führten über unpassierbare Eisfelder und hätten genauso gut 40 000 sein können. Ein einziger Tag an den Rudern hätte uns hingebracht, aber unsere Boote waren ebenso untauglich wie Fahrräder. Trotzdem hatten unsere Augen etwas geschaut, was uns wieder Hoffnung einflößte. Das Stückchen Land, das aus dem Nebel ragte, bewies, dass es im Universum noch etwas Solides gab. Es war ein fester Halt in einem Meer der

Ungewissheit und bewies, dass unsere Wissenschaftler ihr Handwerk verstanden; ja es ließ uns glauben, dass wir den Rest unseres Lebens nicht auf dieser albtraumhaften Reise verbringen würden, deren Verlauf auf der Landkarte dieser Einöde wie eine gigantische Fieberkurve aussah.

Wo jedoch der genaue Landeplatz sein würde, von dem aus wir wieder in die zivilisierte Welt zurückkehren konnten, war und blieb auch noch für längere Zeit im Dunkeln. Sicher wussten wir nur, dass 40 Meilen westlich Joinville und die Danger-Inseln lagen. 100 Meilen weiter nördlich gab es die Elefanteninsel und die Insel Clarence, und die King George-Insel befand sich noch etwas weiter nordwestlich – welche würde es sein? Eine Drift von 28 Meilen an einem einzigen Tag deutete auf die Insel Clarence als mögliches Ziel hin; dann lenkte eine starke Nordwest-Strömung unsere Gedanken auf die Elefanteninsel, aber schließlich wurden wir so weit westlich abgetrieben, dass wir auf die Elefanteninsel nicht mehr zu hoffen brauchten.

Dagegen schien die King George-Insel – die beste von allen, da sie von der Walfangstation auf Deception erreichbar war – direkt auf unserem Weg zu liegen.

Das erste unverkennbare Zeichen, dass wir uns eisfreien Gewässern näherten, war das Auf- und Zugehen eines kleinen Risses rund um den Schollenrand. Obwohl man es kaum sehen konnte, bedeutete es, dass die Dünung des offenen Ozeans sich bemerkbar machte und dass das Eis sich unter diesem Einfluss bewegte.

Wie ein Lauffeuer verbreitete sich die Neuigkeit im Lager, und den ganzen Tag über lungerten wir an dem arbeitenden Riss herum, dabei stellten wir zu unserer großen Befriedigung fest, dass die Bewegung allmählich zunahm. Das war ein willkommener Anblick – ein Zeichen dafür, dass unsere lange, umständliche Drift auf dem Eis sich endlich ihrem Ende zuneigte.

Vor unserem geistigen Auge erblickten wir den weiten Ozean mit großen blauen Wellen, die ungehindert dahinrauschten, und mit Begeisterung diskutierten wir die jeweiligen Vorzüge der verschiedenen Zufluchtsstätten, die sich uns boten. Elefanteninsel hörte sich gut an; der Name deutete darauf hin, dass es dort viele der fleischreichen See-Elefanten gab. Die King George-Insel, 80 Meilen weiter westlich, war genauso attraktiv; sicher gab es auch dort See-Elefanten, außerdem teilte Sir Ernest uns mit, dass im Segelhandbuch der Admiralität von einer Höhle die Rede sei. Wir hatten wirklich Glück. See-Elefanten zum Essen und eine Höhle zum Wohnen – was konnte man sich sonst noch wünschen? Allerdings waren wir uns alle einig, dass Deception, die noch weiter westlich gelegene Insel, allen anderen vorzuziehen wäre, weil die Walfänger dort während der Sommermonate ihr Hauptquartier aufschlugen. Außerdem gab es dort Hütten, Vorratslager und eine kleine Kirche. Die Vorräte würden uns über den Winter bringen, und wenn es gar nicht anders ging, konnten wir aus dem Holz der Kirche ein seetüchtiges Gefährt bauen. Der Zimmermann zeichnete Pläne in den Schnee, die ein stämmiges Boot aus Balken und Kirchenbänken zeigten. Dieses Fantasieschiff weckte Träume von schwellenden Segeln aus fadenscheinigem Tuch, die uns über Fantasiemeere in die Freiheit trugen. Wie einfach alles schien.

Aber als die Tage vergingen, als die Wogen des Atlantik näher kamen und die schwerfälligen Eisschollen auseinander brachen, nur um donnernd wieder zusammenzustoßen und zu bersten, hörten wir mit dem Vergleichen auf und kamen zu dem Schluss, dass jedes noch so kleine Stückchen Fels, das uns Schutz bieten konnte, nach all unseren Mühen einen wunderbaren Hafen abgeben würde.

Der lange Aufenthalt auf der Scholle hatte uns in trügerische Sicherheit gewiegt. Wir hatten die eisige Ebene, auf der wir lagerten, kaum noch als das gesehen, was sie war – eine tückische Decke auf der Oberfläche eines über 3000 Meter tiefen Ozeans. Jetzt, da der weiße Boden zerbrach und sich unter unseren Füßen auflöste, fühlten wir uns plötzlich hilflos und völlig verlassen. Wir hatten die Hoffnung gehegt, dass die Schollen uns nah an Land heranbringen oder sich wenigstens zu schiffbaren Rinnen öffnen würden, so dass wir aus eigener Kraft Land erreichen konnten, ohne über offenes Meer fahren zu müssen. Diese Hoffnung mussten wir jetzt begraben, denn die Strömungen hatten uns über die nördlichste Grenze des Festlandes hinausgetragen.

Wie oft hatten wir unsere Hoffnungen auf falsche Ziele und unerfüllbare Träume gerichtet. Wie oft uns von Trugbildern in Aufregung versetzen lassen, nur um gleich darauf in Enttäuschung zu versinken, wenn die ›Trauminseln‹ sich beim Näherkommen als Wolken oder Eisberge entpuppten. Es war deshalb nur natürlich, dass Kapitän Worsley und ich zweifelnd über das Packeis schauten, als Sir Ernest auf einen schemenhaften Umriss am schwankenden Horizont deutete, den er für Land hielt. Während wir uns noch mühten, etwas zu erkennen – nur zu gern bereit, ihm beizupflichten, und doch skeptisch –, lichtete der Nebel sich ein wenig, und wir erblickten schwarzen Fels. Die Erhebung, die etwa 60 Meilen entfernt war, konnte nur die Insel Clarence sein. Sie lag direkt auf unserem Kurs, und wenn Strömung und Wind so günstig blieben, würden wir in ein paar Tagen auf festem Grund stehen. Was für ein Gefühl! Es war sechzehn Monate her, seit wir auf Südgeorgien zum letzten Mal Fels gesehen hatten und darauf herumgelaufen waren. Eine schöne Erinnerung! Spät am Nachmittag tauchte im Nordwesten eine Anzahl niedriger Berge auf, die nach unseren Karten zur Elefanteninsel gehörten. Sie bildete zusammen mit Clarence den letzten Außenposten der Antarktis. Zwischen den beiden hindurch wogte wie durch ein breites Tor das Meer, und wenn es uns nicht gelang, auf einer von beiden zu landen, würden wir hinweggeschwemmt in die stürmischen Weiten des offenen Ozeans.

Das tägliche Schauspiel der Auflösung des Packeises, auf dem wir ein riskantes Leben fristeten, bot einen traurigen und erschreckenden Anblick. Die Meereswogen kamen jetzt von Norden durch die Eisfelder gerauscht, in großen Wellen, die von Horizont zu Horizont reichten. Die Schollen schwankten im Seegang, doch offenes Wasser war nicht zu sehen. Wenn außergewöhnlich raue Wellen das Zentrum der Schollen erreichten, splitterten sie wie Glasscheiben, und drifteten dann die Bruchstücke auseinander, schaute das pechschwarze Wasser hindurch. Ein paar Augenblicke später stießen die geborstenen Teile zusammen und bohrten sich knirschend ineinander, so dass ihre neue Form sich den anrollenden Wogen anpasste.

Während wir unsere nördliche Drift fortsetzten, ereilte die Scholle, auf der wir kampierten, langsam das Schicksal ihrer Nachbarinnen. Und noch hatten wir nicht genügend Wasser, um die Boote flott zu machen. Uns schauderte bei dem Gedanken, dass das Eis in Teile zerbrechen könnte, die zu klein waren, um das Lager zu tragen, und doch eine kompakte, verzahnte Masse blieb, die sich nicht auftat. Was auch immer das Schicksal für uns bereithielt, eins war jedenfalls sicher: Wir würden unsere ganze Kraft benötigen, und damit unsere abgezehrten Körper für den bevorstehenden Kampf besser gerüstet waren, wurden Extraportionen Robbenfleisch ausgegeben, während wir alles für einen schnellen Aufbruch vorbereiteten. Tag und Nacht wurde das Lager von Wachen kontrolliert, die beim geringsten Anzeichen von Gefahr Alarm schlagen sollten. Wir kamen nicht mehr zur Ruhe. Das wuchtige Zusammenprallen der Schollen und die Furcht, dass das Eis unter unseren Zelten zerbrechen und wir ins Meer fallen würden, begleiteten uns ständig. Wir saßen aufrecht in unseren Schlafsäcken, vollständig angezogen, zitterten die ganze Nacht lang und warteten auf den Morgen. An den hageren Gesichtern und den glasigen Augen wurde schmerzlich offenbar, wie müde und ängstlich wir waren.

In jenen Zeiten bitterer Not war es außerordentlich ermutigend, Sir Ernest als Expeditionsleiter unter uns zu haben. Ihm ging es zwar genauso wie allen anderen, aber er ließ es sich nie anmerken und verbarg seine Sorgen. Belastet mit dem Wissen, dass das Leben von 28 Männern von seinem Urteil abhing, hatte er doch stets ein Auge für die geringsten Wünsche des Einzelnen und ein paar aufmunternde, fröhliche Worte auf den Lippen, um seine Gefolgsleute zuversichtlich zu stimmen. Es gab jedoch Momente, in denen sein überreizter Geist gegen den Druck und die furchtbare Verantwortung rebellierte. Es gab Nächte, in denen ich, aufgeschreckt von einem Schrei oder einem Stöhnen, ihn aus einem unruhigen Schlaf weckte. Dann setzte Sir Ernest sich in seinem Schlafsack auf und erzählte von dem furchtbaren Traum, den er gerade gehabt hatte, davon, wie die Boote zwischen Schollen zermalmt wurden oder wie das Meer das Lager verschluckte oder einen noch schlimmeren Albtraum. Dann arbeitete er Pläne aus, um solchen Unglücksfällen vorzubeugen, denn er betrachtete diese Träume als Warnung. Seiner unermüdlichen Wachsamkeit und Voraussicht haben wir unser Leben zu verdanken. Ich werde nie vergessen, wie wir in diesen scheußlich kalten Nächten in unserem Zelt hockten und über die Probleme diskutierten, die auf uns zukamen, während nur ein paar Schritte entfernt die Schollen unheilvoll drohend aneinander krachten.

Wir schrieben mittlerweile den 18. April 1916. Der antarktische Winter hatte bereits eingesetzt, und die Nächte wurden schnell länger. Kurz nach 18 Uhr schlug die Wache Alarm, weil die Scholle endgültig zerbrach. Wir stürzten in der Dämmerung aus unseren Zelten und sahen eine dunkle, allmählich breiter werdende Zickzacklinie mitten durch unser Lager laufen. Sie ging direkt unter der *James Caird* hindurch und trennte uns von den zwei anderen Booten. In wenigen Minuten hatten wir die Boote auf das Stück herübergeholt, auf dem die Zelte standen. Unser Lager bestand jetzt nur noch aus einem überfüllten, schaukelnden Dreieck und es war klar, dass wir die erste Fluchtmöglichkeit ergreifen mussten, die sich uns bot, so schlecht die Chancen auch sein mochten. In der Nacht sprang von Süden eine kräftige Brise auf, die das Packeis auseinanderzutreiben begann.

Am 9. April stellten wir fest, dass der Wind der vergangenen Nacht das Eis gelockert hatte, aber immer noch war es unmöglich, die Boote zu wassern, denn die Rinnen öffneten und schlossen sich so schnell, dass wir bei dem Versuch, in ihnen entlangzugleiten, zerdrückt worden wären wie Nussschalen. Die Gegebenheiten änderten sich so rasch, dass eine Lücke, die gerade noch einen ausgezeichneten Durchschlupf zu bieten schien, sich innerhalb weniger Minuten in eine mahlende Eismühle verwandelte. In diesem schrecklichen Dilemma blickten wir alle auf unseren Expeditionsleiter, der das verwirrende Labyrinth beobachtete. Bei der nächstbesten Gelegenheit mussten wir handeln. Nach einem eiligen Frühstück wurden die Zelte abgebrochen und alles zum Wassern der Boote bereitgemacht. Wir teilten die Mannschaften ein. Der Boss, Frank Wild und elf Männer, zu denen ich gehörte, fuhren mit der *James Caird* – dem größten, aber zerbrechlichsten Boot. Kapitän Worsley bildete mit neun anderen die Besatzung der *Dudley Docker*, und Tom Crean befehligte die *Stancomb Wills* mit dem Rest der Männer. Diese Vorbereitungen erwiesen sich als durchaus angebracht, denn kaum hatten wir uns aufgeteilt, tat sich das Eis vor unseren Füßen auf. Hastig zogen wir Boote und Ausrüstung auf das augenblicklich noch sichere größere Stück, das kaum genug Platz für alle bot. Der Riss im Eis ging seltsamerweise mitten durch den alten Lagerplatz, den der Boss und ich erst vor einer Stunde verlassen hatten. Wir standen am Rande der breiter werdenden Spalte und schauten auf die Vertiefung, in der wir während der viermonatigen Drift auf dem ruhelosen Eis geschlafen hatten. Wie unsicher das gewesen war! Durch unsere Körperwärme war das Eis so weit geschmolzen, dass wir, gottlob ohne es zu wissen, kaum 30 Zentimeter über der Wasseroberfläche geruht hatten.

Die erste verzweifelte Möglichkeit bot sich direkt nach dem Mittagessen; um ein Uhr öffnete sich im schaukelnden Eis eine tückische Rinne. Sir Ernest gab den Befehl, die Boote zu wassern, und wir schoben sie über die gezackte Kante der Scholle in das pechschwarze Meer. Schnell wurden Ausrüstung und Vorräte verstaut, und dann ruderten wir so schnell wir konnten durch die gewundene Gasse, bis wir einen riesigen See aus sanft schaukelndem tiefblauem Wasser erreichten, in dem ein einzelner riesiger Eisberg schwamm. Endlich waren wir frei. Nicht länger gefangen und untätig den Launen des Windes und der Strömungen ausgesetzt, sondern in der Lage , unser Schicksal selbst in die Hand zu nehmen. Die 159 Tage währende abenteuerliche Reise auf der Scholle war zu Ende. Die Geschehnisse der nächsten sechs Tage würden die Erinnerung daran und auch an alles, was wir in den vergangenen sechzehn Monaten erlebt hatten, vollkommen verdrängen!

9 Die Flucht in den Booten

...im Sturmgehämmer
schienen Trost und Wärme und Behaglichkeit nicht länger
Teil unseres Lebens zu sein: Leib, Geist und Herz
kannten nichts anderes mehr als den Wind, die Kälte, den Schmerz.

MASEFIELD

Die *James Caird* übernahm die Führung, und als wir uns über die Ruder beugten, sangen wir vor Freude – endlich ging es zur Elefanteninsel. Aber wir freuten uns zu früh.

Wir hatten erst wenige Meilen zurückgelegt, als wir bemerkten, dass das Packeis am östlichen Horizont in heftiger Bewegung war und sich uns schnell näherte. Das Wasser, das mit dem Eis auf uns zuströmte, kam uns vor wie eine Flutwelle, die einen Fluss hinaufrauscht. Für einen kurzen Moment hörten wir auf zu rudern und sahen, dass die gesamte Wasseroberfläche von einer brodelnden Masse aus Eis und Schaum bedeckt war, die uns in hohem Bogen auf einem stürmischen Wellenkamm entgegenritt. Die äußeren Enden der Welle bewegten sich aufeinander zu, so dass es schien, als würden wir in einem sich schnell schließenden Kreis gefangen. Sir Ernest befahl den Booten, sich in den Schutz des riesigen Eisbergs zu retten. Wogend, schwankend und knirschend eilte die eisübersäte Sturzsee uns nach, und obwohl wir mit aller Kraft ruderten, konnten wir nicht schnell genug vorankommen. Sie war nur noch 100 Meter hinter uns, und die Eisspieße, die sie vor sich herschob, hatten uns schon fast erreicht. Eine spitze Scholle kam bis auf ein paar Meter an die *Stancomb Wills* heran, die unsere Nachhut bildete; nur die vereinten Anstrengungen aller Männer und Creans geschickte Manöver verhinderten ein Unglück.

Nach einer Viertelstunde Kampf auf Leben und Tod verschwand die Erscheinung so plötzlich wie sie gekommen war. Alles blieb still, bis auf das Ächzen und Krachen der Schollen, die in der Dünung schaukelten. Das Wasser war voller Eisbrocken, und da die Nacht schnell hereinbrach, beschloss der Boss, seine müden Männer auf einer massiven Scholle ausruhen zu lassen. Der Koch und der Küchenjunge wurden mit dem kleinen Ofen als Erste ›an Land‹ gesetzt, und bis wir die Boote entladen und aus dem Wasser gezogen hatten und die Zelte standen, war das Essen schon fertig. Der heiße Eintopf wärmte unsere kalten Körper, und da es ganz danach aussah, als würden wir eine Nacht schlafen können, drangen Gelächter und Gesang aus den Zelten.

Wir hatten so lang mit Risiken und Gefahren gelebt, dass wir jetzt fast daran gewöhnt waren. Es kümmerte uns kaum, dass das Lager auf einem zerbrechlichen Eisfloß stand, das kaum mehr als fünfzig Schritte maß und auf einem unergründlich tiefen Ozean dahintrieb. Und auch den Killerwal-Familien, die in der Umgebung nach Beute suchten, schenkten wir keine Beachtung. Nachdem die Wachen verteilt waren – jeder musste eine Stunde Dienst tun – kuschelten wir uns in unsere Schlafsäcke und wurden bald von der schaukelnden Scholle in den Schlaf gewiegt. Aber die Hoffnung auf ungestörte Nachtruhe zerschlug sich. Kurz nach 23 Uhr veranlasste uns ein lautes Krachen, aus den Schlafsäcken zu klettern und mit unseren Sturmlaternen auszuschwärmen. Eine genaue Untersuchung der Scholle ergab aber nur, dass etwas Schnee abgerutscht war. Wir legten uns noch einmal hin und waren gerade wieder eingenickt, als eine andere Nachricht uns weckte.

Diesmal war es kein falscher Alarm – die Wache schrie, dass die Scholle zu zerbrechen begann. Der Riss lief unter dem Zelt durch, in dem die Matrosen schliefen, und hatte sich so schnell aufgetan, dass einer der Männer ins Meer stürzte, bevor er sich retten konnte. Glücklicherweise war der Boss zur Stelle, eilte zur Bruchkante, warf sich auf den Bauch und zog den Matrosen Holness, der in seinem Schlafsack in der Spalte trieb, aus dem Wasser. Es hieß, noch ein weiterer Mann sei vermisst, aber bevor wir nachsehen konnten, krachten die Teile der Eisplatte mit schrecklicher Wucht wieder aneinander. Hastig wurde die *James Caird*, die vom Rest des Lagers getrennt worden war, über den sich bereits erneut öffnenden Riss gezogen. Die Spalte verbreiterte sich so schnell, dass Sir Ernest, der noch auf der anderen Seite wartete, bis das Boot in Sicherheit war, nicht mehr herüberspringen konnte. Ein paar Minuten später trieb er fort, Nacht und Schneetreiben verschluckten ihn. Wir hörten ihn nach einem der Boote rufen, aber Wild hatte das Unglück schon vorausgesehen und die *Stancomb Wills* bemannt.

Wegen der Dunkelheit und der Eisverhältnisse war es recht schwierig, den Boss wieder zu finden, aber es gelang. Beim Appell stellten wir dann mit großer Erleichterung fest, dass wir noch vollzählig waren. Wir zündeten ein großes Tranfeuer an, und da die Scholle in der zunehmenden Brandung so stark schaukelte, dass wir ihr nochmaliges Zerbrechen befürchten mussten, bauten wir die Zelte ab. Nah ans Feuer gekauert verbrachten wir den Rest der Nacht damit, auf den Tagesanbruch zu warten und zu beten, dass nichts unser Lager zerstören würde. Um 6 Uhr dämmerte der Morgen über einer beunruhigenden Szenerie, denn das Meer war gedrängt voll mit Eis. Ein schöner warmer Eintopf und eine heiße Tasse Milch vertrieben die Müdigkeit ein wenig, und wir bereiteten uns darauf vor, im geeigneten Moment die Boote zu wassern. Um 8 Uhr öffnete sich eine Rinne, und wir schoben die Boote hinein, dann beluden wir sie. Der vergangene Tag hatte gezeigt, dass sie zu tief im Wasser lagen, daher ließen wir einige Kisten getrocknetes Obst, ein paar Hacken und Schaufeln und andere Dinge zurück, die wir für entbehrlich hielten. Es wehte ein kräftiger Ostwind, der allmählich auffrischte. Mittags schienen wir es bis aufs offene Meer geschafft zu haben. Hohe Wogen rollten heran und brachen sich an der Packeiskante, und die schwer beladenen Boote begannen heftig zu schlingern. Unentwegt spritzte Gischt über uns hinweg, der noch im Fallen gefror. Alles überzog sich mit Eis, und unsere durchnässte Kleidung war bald bretthart gefroren, so dass sie bei jeder Bewegung krachte.

Auf das unberechenbare Meer hinauszufahren, war zu gefährlich, deshalb sahen wir uns leider gezwungen, wieder im Packeis Schutz zu suchen, wo die Wellen nicht so hoch gingen, weil das Eis auf ihnen lastete. Wir segelten weiter nach Westen, bis wir am späten Nachmittag an ein großes, ruhiges Becken gelangten, in dem eine schöne, massive Scholle schwamm – ein ausgezeichneter Lagerplatz. Bis auf die Haut durchnässt, übermüdet und völlig erschöpft waren wir dankbar für jeden Platz, an dem wir uns hinlegen und ein paar Stunden ausruhen konnten. Nachdem wir die Wachen eingeteilt hatten, die auf das Lager aufpassen sollten, gelang es uns zum ersten Mal in vierzehn Tagen wieder richtig zu schlafen.

Als der Tag anbrach, war es neblig, trüb und finster. Aus Nordwesten kam ein schneidender Wind mit Graupelschauern, der alles mit Reif bedeckte. Während wir die Abfahrt vorbereiteten, kamen Packeisfelder von Norden her schnell auf uns zugetrieben. Wir hatten keine Wahl. Unsere Scholle sah aus, als könnte sie einiges aushalten, also beschloss Sir Ernest, auf ihr auszuharren und abzuwarten.

Getrieben von der schnellen Strömung und der kräftigen Dünung wirbelte das Eis um unsere Scholle und trug sie mit sich fort, wobei sie beängstigend schaukelte und schwankte. In weniger als einer Stunde war der ganze Ozean von einer brodelnden Masse aneinander schrammender Eisbrocken bedeckt. Von der Spitze eines schwankenden Hügels aus blickten wir gebannt auf das schreckliche Schauspiel. Auf einem der ältesten Schlachtfelder der Natur tobte ein fürchterlicher Kampf. Wir hatten die nördliche Grenze des Packeises erreicht, an der die endlosen Eisströme, die der Polkontinent ins Meer stößt, von den wärmeren Gewässern gnadenlos zurückgetrieben werden. Hier endete ein Zyklus, der für das Gleichgewicht der Natur mitverantwortlich war. Die Eistrümmer, zerstoßen und zernagt von den Wellen, kehrten in ihr ursprüngliches Element zurück. Um uns herum mahlte eine gewaltige Mühle. Zerklüftete alte Eisschollen, wettergegerbte Eisberge, abgebrochene Platten und zerfallene Eishaufen vermengten sich zu einem schwankenden, wogenden Strom. Bis zum Horizont erstreckte sich dieses stürmische, wilde Durcheinander. Es war erhaben, unwiderstehlich, schrecklich. Dann erlitt unsere schaukelnde Scholle dasselbe Schicksal wie alle anderen. Eine Reihe betäubender Stöße leitete das Ende ein. Wir Menschen fühlten uns klein und hilflos – wie Treibgut, das in einem unglaublich kraftvollen Mahlstrom gefangen und von der Ewigkeit nur durch ein kleines Stück bröckelndes Eis getrennt ist.

Wir hielten uns bei den Booten bereit, für den Fall, dass unser zerbrechliches Floß auseinander fiel. Ein großes Stück brach vom Rand ab, und zurück blieb nur eine Eiszunge, auf der Wellen schwappten und Treibeis strandete. Es würde schwierig werden, die Boote über diesen morschen Eisdamm zu hieven. Sir Ernest und Wild standen auf der Spitze unseres sinkenden Untergrundes und hielten geduldig Ausschau nach einer passenden Gelegenheit. Plötzlich schrie jemand: »Sie bricht!« Wir sprangen in die Boote und warteten angespannt, aber nichts geschah – nur der Schnee hatte nachgegeben. Unsere Scholle schlingerte wie ein Schiff kurz vor dem Untergang, und das Ende schien nah.

Der Boss rief, dass eine Rinne auf uns zukomme und dass wir uns zum Wassern bereithalten sollten. Am Horizont entdeckten wir eine dunkle Linie, die das splitternde Eis durchbrach – eine schmale, offene Rinne. Warum ging das denn nicht schneller? Seevögel umkreisten uns wie Boten der Freiheit, und ein paar Robben drifteten vorbei; sie schliefen ruhig und sicher auf den wiegenden Schollen, während wir trotz unserer überlegenen Intelligenz in Lebensgefahr schwebten, unfähig, uns selbst zu helfen – eine verkehrte Welt. Unerträglich langsam, umständlich, gemächlich kroch die Rinne auf uns zu. Endlich erreichte sie unsere Scholle. Sir Ernest stand auf der schwankenden Eiszunge und überwachte das Herablassen der Boote, das außergewöhnlich schwierig war. Als die Scholle einen günstigen Neigungswinkel erreichte, kam das Kommando

›Boote wassern‹. Die *James Caird* trieb kaum im Wasser, als das in der Dünung schaukelnde Eis sie am Bug erwischte und fast zum Kentern gebracht hätte. Wir warfen Proviant und Ausrüstung hinein, sprangen hinterher und ruderten wie besessen. Die drei Boote fuhren in der Rinne nach Westen und gelangten bald auf breitere Wasserstraßen, die eisfrei genug waren, um Segel setzen zu können. Bei leichtem Schneefall und schneidendem Wind froren wir bis ins Mark, aber da wir ausgezeichnete Fortschritte machten, war die Stimmung gut.

Wild hielt das Ruder, und Sir Ernest stand aufrecht im Heck, um ein wachsames Auge auf die zwei Boote in unserem Kielwasser zu haben und ihnen gelegentlich Richtungsanweisungen zu geben. Als die Nacht hereinbrach, legten wir an einer Scholle an, die Schutz versprach, und machten dort fest. Der Koch wurde gerade lange genug ›an Land‹ gesetzt, um Eintopf zu kochen. Wir wollten von Schollen nichts mehr wissen und zogen es vor, bis zum Anbruch des Tages in den Booten zu bleiben. Noch im Dunkeln mussten wir jedoch bereits wieder ablegen, denn Eisströme drohten die Boote leckzuschlagen. Es war eine finstere Nacht – Schnee und Graupel fielen; Killerwale tummelten sich, und wir fürchteten, dass sie unter einem der Boote hochkamen, um zu ›blasen‹, oder dass sie uns mit ihren großen Rükkenfinnen zum Kentern bringen würden. Wir hatten schon mit angesehen, wie Killerwale schwere Eisschollen attackierten und umkippten, nur um an die bedauernswerten Robben zu gelangen, die darauf ihr Sonnenbad nahmen, und waren ziemlich sicher, dass diese gefräßigen Ungeheuer eine Abwechslung auf ihrem Speiseplan durchaus begrüßen würden, falls eines der Boote umschlug.

Als der Morgen dämmerte, bot sich ein erbärmlicher Anblick. Hagere, erschöpfte Gesichter mit eisverkrusteten Bärten schauten aus schneebedeckten Kleidern hervor. Die Boote drifteten ziellos auf einem trägen, breiigen Meer. Vor der Abfahrt machten wir uns daran, eine Scholle zu suchen, auf der wir den Koch absetzen konnten, der unser Frühstück zubereiten sollte. So eine Scholle war schwer zu finden, ohne wieder zu tief in das Packeis zu geraten, und es war recht interessant zu beobachten, mit welchem Eifer nach einer passenden Eisinsel ausgeschaut wurde. Endlich legten wir an einer an. Der Koch – ein toller Kerl – hatte, obwohl er vor Kälte ganz steif war, bald einen heißen Eintopf parat, der uns stärkte für das, was uns in nächster Zukunft erwarten würde.

Der Tag wurde schön, und die Sonne schien hell. Wir setzten die Segel, und als wir über den tiefen blauen Ozean fuhren, klang das Rauschen der silbernen Bugwelle wie Musik in unseren Ohren. Zum ersten Mal seit Monaten bewunderten wir die herbe Schönheit des Packeises, aus dem die Wellen unzählige fantasievolle Formen herausgewaschen hatten. Pinguine in kristallenen Gondeln drifteten an uns vorbei und zahllose sonnenbadende Robben auf marmorweißen Platten, die sanft in der Dünung schaukelten. Außerhalb der Packeisgrenze wogte das Meer mit schaumgekrönten hohen Wellen.

Seit unserer Abfahrt am 9. April hatten wir wegen des trüben Wetters kein Land mehr gesichtet und auch keine Möglichkeit gehabt, durch Beobachtungen der Sonne unsere Position zu bestimmen. Die ganze Zeit über waren wir nach Westen gesegelt, aber da wir kaum etwas über den Verlauf der Strömungen wussten, konnten wir unseren genauen Standort nur vermuten. Wir schätzten aber, dass er, zumindest in Bezug auf die Elefanteninsel, sehr günstig lag. Gespannt erwarteten wir die Mittagsstunde, in der Kapitän Worsley unsere ›blinde Berechnung‹ mit seinem ›Sonnenschuss‹ vergleichen würde. Als es so weit war, sahen wir zu, wie Worsley aufstand, seinen Arm um den Mast der *Dudley Docker* schlang, denn das Boot schlingerte arg, und an seinem Sextanten herumfummelte. Dann brachten wir die *James Caird* längsseits, und der Boss sprang in die *Dudley Docker*. Als alles ausgewertet war, kehrte er auf die *James Caird* zurück und beratschlagte leise mit Wild. Heraus kam, dass wir ein neues Ziel anvisierten; anstatt zur Elefanteninsel fuhren wir zur Hoffnungsbucht – grob geschätzt etwa 80 Meilen südwestlich – auf dem antarktischen Festland gelegen. Da Sir Ernest zum damaligen Zeitpunkt unsere Reaktion fürchtete, informierte er uns nicht über Worsleys Erkenntnisse, er sagte uns nur, dass wir nicht so weit gekommen wären, wie wir gedacht hätten. Tatsächlich befanden wir uns genau 30 Meilen östlich der Stelle, an der wir vor drei Tagen die Boote gewassert hatten. Obwohl wir tagsüber nach Westen gesegelt waren, hatten die Strömungen die Eisschollen, auf denen wir nachts schliefen, schnell nach Osten getragen. Wir waren nicht nur die ganze Strecke umsonst gesegelt, die Drift hatte uns sogar noch 30 Meilen weiter abgetrieben. Das war deprimierend.

Den ganzen Tag über ruderten wir weiter, bis die Abenddämmerung die Weiterfahrt zu gefährlich machte, dann versuchten wir, eine Scholle zu entdecken, hinter der wir für die Nacht Schutz finden konnten. Das Eis war von der Brandung so zertrümmert und zerstoßen, dass es unmöglich schien, sich hineinzuwagen. Erst im Dunkeln gelang es uns, die Boote hintereinander an einer großen Scholle festzumachen. Der Eisgang hinderte uns daran, den Koch ›an Land‹ zu setzen, daher musste der Eintopf auf den Primuskochern zubereitet werden. Das war eine langwierige Angelegenheit, denn die Boote schaukelten stark, und gelegentlich sprühte auch Gischt darüber hinweg, so dass die Kocher immer wieder ausgingen.

Es schien, als hätten böse Kräfte sich gegen uns verschworen. Kaum hatten wir eine Gefahr überstanden, tauchte schon die nächste auf. Eine Flut von Eistrümmern, getrieben von Wind und Wasser, sammelte sich an der windgeschützten Seite unserer Scholle und sorgte für neuen Ärger. Stundenlang wehrten wir uns mit Bootshaken und Riemen gegen das Eis, bis kurz nach

Mitternacht plötzlich der Wind umsprang und anfing, die Boote mit der Breitseite gegen die Eisdorne zu drücken, die aus der Scholle ragten. Es blieb keine Zeit abzulegen, also kappten wir widerstrebend unsere wertvolle Ankerleine und machten uns davon, um die Boote vor dem Leckschlagen zu bewahren.

Damit sie nicht auseinander drifteten, banden wir die Boote zusammen, und dümpelten so die ganze Nacht auf dem eiskalten Meer. Wir drängten uns aneinander und umarmten uns, so dass wir uns gegenseitig mit dem Körper ein wenig wärmen und mit Worten leise trösten konnten. An den Stellen, an denen wir uns berührten, ließ die Körperwärme unsere gefrorene Kleidung tauen, und wenn wir uns dann bewegten, spürten wir den eisigen Wind bis auf die Knochen. Wollte der Morgen denn gar nicht kommen – würde die Sonne nie wieder aufgehen? Die Nacht schien eine Ewigkeit zu dauern. Wo die nassen Kleider scheuerten, bekamen wir Frostbeulen, die in der schneidenden Kälte unerträglich schmerzten. Es schien, als müsse die Grenze menschlicher Leidensfähigkeit bald erreicht sein.

Endlich dämmerte der Morgen. Der Trost eines warmen Frühstücks blieb uns versagt, denn alles war mit Eis überzogen und die See ging hoch. Aber dafür durften wir von den kalten Rationen so viel essen, wie wir konnten. Die Sonne ging auf, und der Wind Richtung Elefanteninsel stand günstig. Wir hatten also einiges, wofür wir dankbar sein mussten.

Im Süden, Richtung Hoffnungsbucht, hatte das Packeis sich wieder geschlossen, deshalb nahmen die Boote Kurs auf die Elefanteninsel, die jetzt 100 Meilen nördlich lag. Wir setzten die Segel, und eine kräftige, stete Brise trieb unsere drei kleinen Boote dem erhofften Land entgegen. Das Packeis blieb immer weiter zurück und es sah so aus, als kämen wir an seine nördlichste Grenze. Kurz nach Mittag passierten wir einen schmalen Eisgürtel und fanden uns unerwartet im offenen Meer wieder.

Hätte uns nicht die Verzweiflung getrieben, hätten wir es nie gewagt, mit drei so kleinen Booten in so schwere See zu stechen. Es war erstaunlich, dass unsere erschöpften und vom Wetter zermürbten Körper sich noch so tapfer hielten, und ich bezweifle, dass andere Lebewesen als Menschen ein solches Übermaß an Kälte, Erschöpfung, Hunger und Schlafmangel überlebt hätten, wie es uns zugemutet worden war. Nur der Wille machte das möglich – der Wille erlaubte uns, über das Leiden zu triumphieren und unsere ausgemergelten Körper zu beherrschen und anzutreiben.

Wieder einmal finde ich nicht genug Worte, um unseren Expeditionsleiter zu loben. Die Mannschaft ohne Verlust an Menschenleben durch die Gefahren zu bringen, die vom Festsitzen des Schiffes im Eis bis zu unserer Flucht von der Scholle auf uns gelauert hatten, war eine weit größere Leistung, als es die Verwirklichung der ursprünglichen Ziele der Expedition gewesen wäre. Wenn es je eine Umgebung gegeben hat, die Pessimismus, Missmut und Widerspruchsgeist förderlich ist, dann war es die, in der wir uns während der eintönigen Monate auf der Scholle befanden. Wissenschaftler und Matrosen mit äußerst unterschiedlichen Charakteren, Erfahrungen und Erwartungen, die hungrig und frierend in winzigen Zelten zusammengepfercht die Launen der Natur erdulden mussten, zeigten weder Feindseligkeit noch Unzufriedenheit. All das halte ich unserem Expeditionsleiter zugute, dessen faszinierende Persönlichkeit Heiterkeit, Hoffnung und Zuversicht vermittelte.

Die drei kleinen Boote und ihre wettergegerbte Mannschaft hatten sich im Kampf mit dem Eis bewährt – nun mussten sie zeigen, was sie auf dem offenen Meer taugten. Der Ozean erschien uns wie ein alter Freund, und obwohl unsere Boote eher Nussschalen glichen, waren ihre Führer doch erfahrene Seemänner, und Er, der unseren Leidensweg auf den Schollen begleitet hatte, wachte bestimmt noch über uns. Irgendwie spürten wir, dass unser Entkommen nicht allein dem Glück zuzuschreiben war. Immer wenn wir am Rande des Untergangs standen, hatte sich auf wunderbare Weise ein Ausweg geboten. Daher klopften unsere Herzen freudig, als unsere kühnen Boote durch das glitzernde Meer pflügten, während schaumgekrönte saphirblaue Brecher uns jagten, überholten und zurückließen.

Am Nachmittag peitschte ein eisiger Wind über das Wasser, und wir refften die Segel. Der Gischt, der über uns hinwegspritzte, gefror und überzog Boote und Männer mit Eis, während das Salzwasser unsere Kleidung durchtränkte und unsere geschundene Haut mit den Frostbeulen noch schlimmer schmerzen ließ. Einige Männer waren zu allem Unglück auch noch seekrank. Aber selbst unter diesen Umständen gelang es uns noch, das Komische an unserer Situation zu sehen. Ein Kamerad, der sich beim Essen stets zurückgehalten und von seinen knappen Rationen noch etwas in die Tasche gesteckt hatte für den Tag, an dem er vielleicht gezwungen war zu hungern – was er ständig befürchtete –, wurde so schwer seekrank, dass er nicht einen einzigen Bissen von den jetzt reichlich verteilten Portionen essen konnte, an denen Glücklichere sich gütlich taten. Da mussten wir trotz aufgesprungener Lippen schmunzeln, denn uns schien das wie die gerechte Strafe für den Mangel an Vertrauen, den unser zweifelnder Kamerad an den Tag gelegt hatte.

Die meisten von uns litten unter Erfrierungserscheinungen, und es fiel auf, dass sogar die Veteranen, Shackleton, Wild, Crean und ich, denen das meiste nichts anhaben konnte, gegen Frostbeulen nicht immun waren. Ich bekam schlimme Erfrierungen an den Händen, weil ich ständig nasse Handschuhe mit halben Fingern trug. Der Boss, der bemerkte, wie ich versuchte, die Blutzirkulation anzuregen, zog seine warmen Handschuhe aus und reichte sie mir. »Nehmen Sie diese, bis Ihre Hände wieder in Ordnung sind«, sagte er. Da er selber Frostbeulen hatte, lehnte ich ab, aber er bestand darauf, dass ich die Handschuhe nahm. »Also gut«, entgegnete er, »wenn Sie sie nicht nehmen, werfe ich sie ins Wasser.« Wie tapfer von ihm – und charakteristisch für den ganzen Mann.

Wir waren so unerwartet schnell auf das offene Meer gelangt, dass wir kein Eis zum Schmelzen an Bord hatten und auch kein Trinkwasser. Um unseren brennenden Durst zu löschen, hatten wir klein geschnittenes rohes Robbenfleisch gegessen, aber es war leider von der salzigen Gischt durchtränkt worden und hatte unseren Zustand nur noch verschlimmert. Man fragte sich, was Körper und Geist an Schmerz und Leid noch mehr spüren und ertragen konnten.

Die Nacht brach herein, und obwohl wir lieber weiter gesegelt wären und den günstigen Wind genutzt hätten, beschloss der Boss, beizudrehen. Das war eine weise Entscheidung, denn in der Dunkelheit wäre es unmöglich gewesen, die Boote beisammenzuhalten. Wir holten die Segel ein, banden eilig die Ruder zu einem Treibanker zusammen und machten die Boote hintereinander daran fest. Wegen der Gegenströmungen blieben die Boote allerdings nicht auf das offene Meer ausgerichtet, sondern stießen unentwegt aneinander. Die Temperatur fiel unter minus 18 Grad Celsius, und während unsere Fahrzeuge auf den Wellen schaukelten, sprühte der Gischt über sie hinweg und gefror fast augenblicklich. Durch die zunehmende Vereisung wurden unsere Boote immer schwerer und begannen zu schlingern, also verbrachten wir die Nacht damit, das Eis abzuschlagen, die Boote auseinanderzuhalten und uns selbst vor dem Erfrieren zu schützen. Es waren schlimme Stunden, und manch einer verlor fast die Hoffnung. Ja, viele Kameraden wurden halb verrückt vor Schmerz. Es war eine schreckliche Nacht, voller Angst und Verzweiflung.

Doch die Gegensätze in diesen Breitengraden sind krass. Bei Tagesanbruch beruhigte sich das Meer, und Land kam in Sicht. Es war wie eine Offenbarung! Ich bin ganz sicher, nichts anderes hätte die Mannschaft aus ihrer tödlichen Apathie reißen und wieder zum Leben erwecken können. Ein grauer Nebel hatte über dem Wasser gehangen und jede Weitsicht versperrt. Dann drang die Sonne durch rosa Schleier, wie ein Zaubervorhang hob sich der Dunst gen Himmel und enthüllte einen sonnenglänzenden Berg, der wie eine kolossale goldene Pyramide aus dem purpurroten Meer emporragte. Es war die Insel Clarence. Wunderbar war ihr Auftauchen und wunderbar auch unsere Reaktion. In den todgeweihten Männern flackerte neuer Lebenswille auf. Kurz darauf entdeckten wir backbord voraus, etwa 30 Meilen entfernt, sieben runde Gipfel, die eisbedeckten Berge der Elefanteninsel.

Die Verbindungsleinen zwischen den Booten wurden gelöst und die als Treibanker zusammengebundenen Ruder, die durch ihren Eismantel so dick wie Baumstämme geworden waren, auseinander gehauen und an Bord genommen. Die Segel zu setzen bereitete einige Schwierigkeiten, denn die Taue und Rollen waren vereist und das Tuch war steinhart gefroren. Von einem günstigen Wind getrieben, segelten die Boote dann aber auf die Elefanteninsel zu.

Die Frühstücksrationen wurden ausgeteilt, aber wir konnten nur an ihnen knabbern, weil die rissigen Lippen sonst schmerzten und bluteten. Mit ausgedörrter Kehle und geschwollener Zunge war Schlucken sowieso nicht möglich. Die Sonne stieg am Himmel empor und brannte auf uns herab, aber obwohl wir vor Durst fast verrückt waren, schienen wir körperlich und geistig irgendwie unbezwinglich. Endlich lag Land innerhalb unserer Reichweite – Land, das zu erreichen wir sechzehn lange Monate beharrlich gehofft hatten. Noch ein paar Stunden Schmerzen brachten uns jetzt auch nicht mehr um. Schon bald würden wir auf sicherem, festem Grund stehen.

Gegen Mittag legte sich der Wind, und wir begannen zu rudern. Wie wir uns ins Zeug legten! Wie begierig wir das Land näherrücken und die verschneiten Gipfel deutlicher hervortreten sahen.

»Da sind Felsen!«, schrie einer. Und »Schaut! Jetzt kann man die Gletscherspalten sehen!« rief ein anderer. Wir wandten keinen Blick von unserem Ziel, maßen die Entfernung an Einzelheiten, die beim Näherkommen allmählich besser zu erkennen waren.

Um 15 Uhr trennten uns nur noch acht Meilen von der Insel. Wilds Wahl fiel auf eine kleine Bucht im Schutze weißer Gipfel, deren eisstarrende Ufer stolze Felsen trugen. Wir ruderten in freudiger Erwartung darauf zu – heute Nacht würden wir auf massivem Fels schlafen. Oh, welch himmlische Aussichten!

Die Minuten verwandelten sich in Stunden. Das Meer war ruhig, unser Bug durchschnitt das Wasser, aber irgendwie kamen wir trotz all unserer Anstrengungen nicht näher heran. Da erkannten wir die schreckliche Wahrheit – eine Gegenströmung hatte uns gepackt. Wir konnten uns gerade eben auf der Stelle halten. Lähmende Verzweiflung überkam uns, und alle Schmerzen, die von der Hoffnung gedämpft worden waren, setzten umso heftiger wieder ein. Eine Zeit lang konnten wir nicht mehr rudern. Die letzten Kräfte, durch die Aussicht auf Freiheit mobilisiert, waren fast verbraucht. Es war grausam, unbarmherzig, gnadenlos. Nicht einen Mann gab es unter uns, dessen Seele nicht gequält zum Lenker des Windes und der Wellen schrie, Er möge uns nicht im Stich lassen. Die ganzen traurigen Leidensmonate lang hatten wir uns in unserem Kummer mit dem Gedanken getröstet, dass unsere Zuversicht eines fernen Tages belohnt werden würde. Dass die Zeit, das Allheilmittel für alle Leiden, die Frage nach unserem Schicksal zu unserer Zufriedenheit lösen könne. Hindernis um Hindernis hatte sich erhoben und war bewältigt worden, aber jetzt, mit der Rettung vor Augen, schien es, als müssten wir scheitern. Nur ein Wunder konnte uns noch retten – der Wind! Ein günstiger Wind, der unsere Segel füllen und uns aus dem unnachgiebigen Sog der Strömung befreien würde. Nie war unsere Lage so verzweifelt gewesen wie jetzt. Die meisten Mannschaftskameraden lagen in den letzten Zügen, halb wahnsinnig und halb benommen, und konnten nicht mehr rudern.

Die Nacht senkte sich herab, schwarz und mitleidlos. Rechts von uns lag das offene Meer, und die Strömung trieb uns in diese endlose Weite hinaus. Der Schnee, der in wirbelnden Schauern aus Südosten kam, fiel auf uns herab. Wie ein weiches Tuch legte er sich über die zusammengekauerten Körper in den Booten, die teilnahmslos und gleichgültig auf den Tod warteten. Manchmal stöhnte jemand. Wir waren hilflos. Dann füllte eine große schwarze Wolke den Himmel, und der Wind kam. Er kam aus Süden, zunächst noch sanft – fast wie ein Hauch. Dann kräuselte sich das Wasser unter seiner Berührung. Immer stärker wurde er, bis das Meer sich zu hohen Wellen türmte – Wellen, die ans Ufer rollten. Das Wunder war geschehen. Das war kein Glück – unsere Gebete waren erhört worden.

Shackleton befahl den Männern in den Booten, die Segel zu setzen. Die Besatzung der *Stancomb Wills* war zu erschöpft, deshalb nahmen wir sie ins Schlepp. Vorwärts durch die Dunkelheit, unserem Ziel entgegen, das jetzt von der Nacht verschluckt war, stießen wir voran über das sturmgepeitschte, schwarze Wasser. Die, die noch konnten, trimmten das Boot, als es unter dem Druck des Windes krängte – die anderen lagen wie tot. Ringsherum brachen sich mit Getöse die Wellen, und die Gischt, die der Wind vor sich hertrieb, sprühte über die Boote.

Wild stand seit 48 Stunden am Ruder und war mittlerweile so steif gefroren, dass Arme und Hände nicht mehr gehorchen wollten. Er wurde von Chips, dem Zimmermann, abgelöst, aber auch er wurde, von Erschöpfung übermannt, auf dem Posten ohnmächtig. Sofort drehte das Boot mit der Breitseite zum Wind und an Bord schwappte eine riesige Welle, die alles durchnässte und uns fast versenkte. Wild nahm seinen Platz wieder ein. In Dunkelheit und schneidender Kälte kämpfte die erschöpfte Mannschaft gegen den Sturm an, sie klopfte die dicke Eiskruste aus gefrorenem Gischt ab und schöpfte wie besessen Wasser aus den Booten, damit sie nicht sanken. Jede Welle brachte auch eine Woge der Angst. Von der Krone der schäumenden Brecher aus gesehen schien jeder schwarz gähnende Schlund uns verschlingen zu wollen. Gepeitscht vom Wind, getrieben vom Sturm fragten wir uns, ob die Nacht jemals enden würde – ob es schon jemals so eine Nacht gegeben hatte.

Mit der *Stancomb Wills* im Schlepp kamen wir nur schwer voran. Immer wieder sah es so aus, als müssten wir die Leine kappen und sie ihrem Schicksal überlassen. Sir Ernest im Heck versuchte das Dunkel zu durchdringen, ließ den schwarzen Schemen, der in dem düsteren Aufruhr hin und her geworfen wurde, nicht aus den Augen und rief gelegentlich aufmunternde und besorgte Worte hinüber. »Sie ist weg!« hieß es manchmal, wenn eine schaumgekrönte Welle sich zwischen uns schob. Dann tauchte vor dem weißen Gischt ein dunkler Schatten auf, und durch den Tumult kam schwach, aber zuversichtlich Tom Creans beruhigende Meldung »Alles in Ordnung, Sir!« So überlebten wir Welle um Welle und schließlich die ganze Nacht, verloren in der Dunkelheit aber unser drittes Boot, die *Dudley Docker*, aus den Augen.

Ängstlich spähten wir durch Nebel und Schneetreiben nach Land aus. Beim Näherkommen brach bisweilen das wässrige Mondlicht durch die sturmgepeitschten Wolken und schien auf verschwommene Konturen von Berggipfeln und geisterhaften Gletschern. Das Land wirkte wie die Ausgeburt eines kranken Hirns. Unsere überspannten Nerven beruhigten sich erst, als wir hörten, wie Brandung sich an Klippen brach. Das war die Rettung! Trotzdem hielten wir uns bis zum Morgen, der, als er endlich heraufdämmerte, bleierne Wolken enthüllte, graue Wasserflächen und ... das Land.

Land! Land! Berge und Gletscher lugten aus dem Nebel hervor – und der heiß ersehnte felsige Grund! Wir suchten den Windschatten und ruderten über die wogende Brandung, die sich am Fuße mächtiger Klippen brach. Vor den riesigen Bergen im weiten Ozean schrumpften unsere Boote zu winzigen schwarzen Flecken. 300 Meter über uns vergoldete die aufgehende Sonne die Bergspitzen der Elefanteninsel. Das ganze Land war voller Eis. Schneemassen häuften sich auf Bergkämmen, Eis schmückte die Felsbalkone, und zerborstene Gletscher füllten die Schluchten. Und die steilen Bergwände ragten schroff und abweisend aus dem Meer. Wir hatten Land erreicht, aber zu unserem Entsetzen schien es unmöglich, einen Fuß darauf zu setzen.

10 *Land! Land! Land!*

*W*ir ruderten auf der windgeschützten Seite der Insel an der Küste entlang, über tintenschwarzes Wasser, in dem sich die überhängenden dunklen Bergwände spiegelten, und suchten ängstlich nach einer Lücke oder einer Felsbank, die Zuflucht bieten konnte, aber es gab nicht einmal eine einzige Landemöglichkeit.

Vor uns war eine Lawine ins Meer gestürzt, und im Wasser trieben lauter Eisblöcke. Eilig schlugen wir Eiswürfel von den Rändern und nahmen sie an Bord, um unseren quälenden Durst zu stillen. Das war das erste Geschenk, das uns das Land bot, und wahrscheinlich auch das Letzte.

Schließlich erreichten wir das Kap Valentine, an der nordöstlichen Spitze der Insel, und entdeckten einen schmalen Kanal, der zu einem Platz führte, an dem eine Landung möglich schien. Das war wohl unsere letzte

Chance. Die *Stancomb Wills* ruderte durch die Brandung und brachte günstige Nachricht. Es gab zwar nur wenig Platz, doch vorübergehend konnten wir dort Schutz finden. Die Besatzung der *Stancomb Wills* ging an Land, und diejenigen von uns, die noch dazu imstande waren, holten die Vorräte und die Kranken aus der *James Caird*. Noch während wir damit beschäftigt waren, kam unser drittes Boot in Sicht. Es war in der Nacht in eine benachbarte Bucht getrieben worden, wo es trotz großer Schwierigkeiten dem Sturm getrotzt hatte. Seine Crew ging mit den Vorräten an Land, dann zogen wir die Boote auf den Strand und schlugen das Lager auf. Wir boten einen jämmerlichen Anblick; die meisten von uns hatten hässliche Erfrierungen und waren halb im Delirium. Manche wankten ziellos herum, warfen sich auf den Strand, umarmten die Felsen und ließen sich Kieselsteine durch die Finger rinnen, als wären es Goldnuggets. Die Freude, die wir nach den schrecklichen Erlebnissen der vergangenen sechzehn Monate dabei empfanden, über Land zu gehen, festen Boden zu sehen und unter den Füßen zu spüren, ist schwer zu beschreiben.

Und dann einzuschlafen; ungestört zu ruhen; sich umzudrehen und die Musik der Brandung zu hören, das Wirbeln der Eisblöcke und das Krächzen der Pinguine; wieder von einer Zukunft zu träumen; das unbeschreibliche Glück zu fühlen, sich beim Aufwachen auf etwas Festem wieder zu finden, auf etwas, das nicht über Nacht meilenweit dahingedriftet war. All unsere Hoffnungen hatten sich erfüllt. Es war himmlisch. Nichts anderes zählte. Ein furchtbares Kapitel unseres Lebens war zu Ende; was als Nächstes auf uns zukam, kümmerte uns kaum.

Am Morgen erkundeten wir die Zufluchtsstätte, zu der uns das Schicksal geleitet hatte. Es war eine wilde Gegend. Hinter uns ragten steile Felsklippen über 300 Meter hoch auf; zu unseren Füßen lag das schmale Stück Kieselstrand, auf dem wir kampierten. Es war mit Eisblöcken übersät und ständig den stürmischen Wellen des wilden Südpolarmeeres ausgesetzt.

Oben an den Klippen war eine dunkle Linie zu erkennen, die anzeigte, wie hoch die Wellen bei Sturm schlugen, und ein Stückchen weiter weg lagen haufenweise Steine am Strand, die von den Klippen herunter gefallen waren. Uns wurde klar, dass dieser Platz bei schlechtem Wetter unhaltbar sein würde und dass wir jeden Moment unter einer Steinlawine begraben werden konnten. Sir Ernest schickte Wild mit ein paar Matrosen in der *Dudley Docker* auf die Suche nach einer neuen Bleibe. Am frühen Nachmittag kehrten sie zurück. An der Nordküste, neun Meilen weiter westlich, hatten sie eine viel versprechende Stelle gefunden. Da Wind und Wetter günstig waren, stiegen wir in die Boote, vorher aber verringerten wir noch unsere Fracht, indem wir einen Teil der Vorräte in einer Höhle oberhalb der Hochwasserlinie deponierten.

Das Wetter ist in diesen Breiten extrem wechselhaft, und auf dem kurzen Weg zu unserer neuen

Heimstatt gerieten wir vor dem Kap Valentine in einen Sturm. Der Südwestwind heulte von den Bergen herunter und peitschte weißen Gischt über das Meer. Stunde um Stunde mühten wir uns an den Rudern. Manchmal warf der Sturm uns zurück; wenn er dann Atem zu schöpfen schien, holten wir wieder auf. Jeder Einzelne wusste nur zu genau, welches Schicksal uns erwartete, sollten wir auf das wilde Meer im Westen hinaus getrieben werden. Abgezehrt und entkräftet wie wir waren, beherrschte uns der lähmende Gedanke, dass der eisige Tod uns immer noch auf den Fersen war. Aber das Beispiel unseres Expeditionsleiters und seines Stellvertreters Wild machte wieder Männer aus uns, so dass wir unsere Furcht abschüttelten und uns Zentimeter für Zentimeter durch den Sturm bis in den Windschatten der Insel kämpften. Mühsam ruderten wir weiter, während der Sturm um die Gipfel 300 Meter über uns tobte. Die Schneebretter, die von den steilen Klippen rutschten, wurden verweht und über das Meer getragen, wo die gepeinigten Wellen ihnen entgegensprangen. Doch als der Abend kam, legte sich der Sturm, und wir erreichten unseren neuen Hafen.

Ein Lager wurde aufgeschlagen, eine warme Mahlzeit zubereitet und das fast heruntergebrannte Lebenslicht neu entfacht. Wieder legten wir uns dankbar für die Beständigkeit der guten alten Erde zur Ruhe und fielen in den traumlosen Schlaf der völlig Erschöpften. Doch lange sollte der Schlummer nicht dauern. Mit teuflischer Bosheit stürzte sich der Wind erneut auf uns, schleuderte uns Kies und Eissplitter entgegen und riss die Zelte in Stücke. Nur das Zelt, das von Sir Ernest, James und mir bewohnt wurde, blieb heil, denn wir taumelten hinaus und bauten es ab, bevor der Sturm seine volle Kraft entfaltete. In der tosenden Dunkelheit krochen wir unter die flatternden Planen, um noch einmal den Schlaf zu suchen. Hat es je einen Ort gegeben, der grausamer und ungastlicher war?

Um 4 Uhr weckte uns neuer Alarm. Diesmal bedrohte uns die Flut, die Wellen leckten bereits an unseren Zeltplanen. Wir standen auf und gingen den Strand weiter hoch. Es war bitterkalt und stürmisch, und nirgendwo bot sich auch nur der geringste Schutz. Nachdem wir einen schwachen Wall aus Kisten errichtet hatten, entfachten wir ein Feuer im Herd, legten unser Zelt auf den Boden, beschwerten den Rand mit Steinen und krochen einfach darunter. Auch diese Ruhepause wurde von Rufen gestört, und als wir nach draußen schauten, sahen wir, dass die Bewohner des ehemaligen Zeltes Nr. 5 versuchten, unter einem umgedrehten Boot Schutz zu finden. Außerdem sahen wir, dass die Zügelpinguine vom Brutplatz nebenan sich am Strand versammelten. Sie hatten genug von diesem Wetter und zogen am Morgen fort. Die Vögel hatten es gut! Den obdachlos gewordenen Bewohnern von Nr. 5 gelang es, die *Dudley Docker* umzudrehen und in eine sichere und vergleichsweise bequeme Unterkunft zu verwandeln.

Auf den schlechten Tag folgte eine ebenso schlechte Nacht und dann noch ein Tag mit abscheulichem Wetter, an dem man vor lauter Nässe und Schneetreiben kaum noch Luft bekam. Gegen Abend legte sich der Wind, und wir wurden mit einer herrlichen mondhellen Nacht bedacht, die mit ihrem märchenhaften Glanz alles versilberte; die düstere Küstenlinie hob sich als dunkle Silhouette vom Sternenhimmel ab. Doch der Morgen brachte einen Tag mit unaufhörlichen heftigen Schneefällen, die uns allerdings nichts mehr anhaben konnten, denn wir waren bereits nass bis auf die Haut.

Diese ersten Tage auf der Elefanteninsel waren die Hölle, und anfänglich sah es so aus, als würden viele von uns weitere Not und Entbehrung nicht überstehen. Unsere neue Zufluchtsstätte wurde ›Kap Wild‹ getauft – was gleichzeitig eine treffende Beschreibung und ein Kompliment für unseren vorbildlichen Kameraden war. Kap Wild war eine felsige, ins Meer ragende Landzunge mit einer steilen Eisklippe auf der Landseite und einer Ansammlung riesiger Felsbrocken direkt vor der Spitze. An einer Seite bog sie sich der Küste entgegen und formte so die Bucht, in der wir an Land gegangen waren.

Wir hatten fast keine Nahrung mehr und keinen Schutz vor dem Wetter. Was sollten wir tun? Bleiben bedeutete, langsam vor Hunger oder Kälte zu sterben. Die Lage war verzweifelt, doch unser Expeditionsleiter zeigte sich wieder einmal der Situation gewachsen. Er beriet sich mit Wild und kam zu dem Schluss, dass ein paar von uns versuchen mussten, Südgeorgien zu erreichen, um Hilfe für die anderen zu holen. Er beschloss, dieses Wagnis selbst einzugehen, zusammen mit fünf Männern, die erfahrene Seeleute waren. Der Rest der Mannschaft, 22 Männer, sollte unter der Führung von Frank Wild auf der Elefanteninsel zurückbleiben. Diese Entscheidung war charakteristisch für unseren Boss und wurde mit derselben Unerschrockenheit ausgeführt, die seinen Führungsstil von Anfang an ausgezeichnet hatte.

Chippy, der unentbehrliche Zimmermann, begann, die *James Caird* mit Holzresten und Tuchfetzen herzurichten für die bevorstehende Reise, um die jetzt all unsere Gedanken kreisten. Eifrig diskutierten wir über Besatzung, Ausrüstung, Chancen und Dauer des Unternehmens. Als das Wetter kurz aufklarte, schlachteten und häuteten wir Pinguine, um unseren Fleischvorrat aufzustocken, und auch eine fette Weddell-Robbe, die an Land gewatschelt kam, endete in unserer Speisekammer. Das löste das Nahrungsproblem für eine Weile.

Wir stellten unser Zelt wieder auf und bauten alle zusammen einen Windschutz für die Kombüse. Green, unser tapferer Koch, zeigte Anzeichen eines Zusammenbruchs, deshalb wurde ich zum Küchenchef ernannt und hatte von da an alle Hände voll zu tun, um um 8 Uhr, 13 Uhr und 16 Uhr 30 Mahlzeiten zu servieren. Bald lief ich nur noch schwarz-weiß gefleckt herum, denn der Ruß des Trans und der wirbelnde Schnee überzogen mich mit einer Art Mantel. Da das Wetter immer noch grässlich war, zogen wir uns jeden Tag um 17 Uhr für 14 lange Stunden in unsere durchnässten Schlafsäcke zurück. An den Zeltwänden kondensierte das Schwitzwasser zu dicken Reifschichten, die bei jedem Windstoß auf uns niederrieselten. Trotzdem erholten sich die Kranken, die Erfrierungen heilten, und die allgemeine Stimmung der Mannschaft hob sich mit der Aussicht auf die Rettungsexpedition – so schwach die Hoffnung auch war. Kleidung und Ausrüstung waren wegen des andauernden schlechten Wetters ausnahmslos in einem kläglichen Zustand, und nichts wäre uns willkommener gewesen als ein sonniger Tag. Am Ostermontag, dem 24. April 1916, besserte sich das Wetter. Der Seegang war mäßig, und Sir Ernest hielt es für richtig, sofort aufzubrechen. Jederzeit konnte das Packeis, dem wir entkommen waren, wieder nach Norden treiben und die Insel einkreisen, so dass jede Navigation unmöglich wurde. Unter lautem Jubelgeschrei schoben wir die *James Caird* über den Kiesstrand und durch die Brandung. Fast wäre schon gleich zu Beginn alles vorbei gewesen, denn da das Boot noch keinen Ballast trug, wäre es beinahe gekentert. McNeish und Vincent wurden ins Meer geschleudert und *James Caird* von einer heftigen Unterströmung auf die Klippen zugetragen. Mit aller Kraft gelang es den an Bord Gebliebenen, sie außerhalb der Reichweite der Brecher in Sicherheit zu bringen.

Die *Stancomb Wills* brachte den Ballast – Säcke, die wir aus Decken gemacht und mit Sand gefüllt hatten – und die Schlittenrationen, die wir für die Reise aufbewahrt hatten. Bis zum Mittag war das kleine Boot beladen. Es war ein Himmelfahrtskommando, doch die bereits ausgelaugte Crew sah dem schrecklichen Abenteuer mit echt britischem Seefahrergeist entgegen. Shackleton, Worsley, Crean, McCarthy, McNeish und Vincent waren diejenigen, die für ihre Kameraden das Leben riskierten. Wir schüttelten ihnen die Hände, und verabschiedeten sie mit einem Hurra. Dann standen wir am Strand, bis das winzige Segel immer kleiner und kleiner wurde und schließlich nur noch ein Pünktchen war. Wie verloren es aussah! Dann verschwand es ganz. Vor Shackleton und seinen tapferen Gefährten lag eine Reise von 750 Meilen über den stürmischsten Ozean der Welt; doch an ihrem Ausgang zweifelten wir nie, denn die gütige Hand des Schicksals, die uns bislang geführt und beschützt hatte, würde uns in der Stunde der Not bestimmt nicht im Stich lassen. Wir glaubten, dass sie Südgeorgien in vierzehn Tagen erreichen, von einer der Walfangstationen ein Dampfschiff leihen und innerhalb eines Monats zu uns zurückkehren könnten. Wie glücklich die Abfahrtszeit gewählt war, zeigt die Tatsache, dass der Wind am nächsten Morgen aus einer anderen Richtung wehte und die Bucht sich daraufhin mit Packeis füllte, so dass der Zugang zum Meer wochenlang versperrt blieb. Da wir das Entrinnen unserer Kameraden als günstiges

Vorzeichen sahen, verschlossen wir die Augen vor den Gefahren und konzentrierten uns auf die Hoffnung. Hoffnung wirkt außerordentlich belebend – und für solch ein Mittel hatten wir in den nächsten Wochen großen Bedarf. Da saßen wir nun, eine Gruppe von 22 Männern, an einem gefährlichen Platz auf einer exponierten Felsbank aus bloßem Stein im stürmischsten Ozean der Welt. Unser Expeditionsleiter war fort und hatte die besten Seemänner mitgenommen. Einer von uns war ein hilfloser Krüppel, ein Dutzend Männer waren wegen ihrer Erfrierungen mehr oder weniger behindert und einige vor lauter Elend nicht mehr ganz zurechnungsfähig. Unser Zufluchtsort glich einem überfüllten Gefängnishof – ein schmales Stück Strand, 200 Schritte lang und kaum 30 Meter breit. Das Meer vor uns, das mit wütender Kraft an unsere Küste schlug, lag des Nachts stumm und starr, nur um am Morgen unter dem Einfluss der Gezeiten mit einem Krach wieder loszubrechen, der an das Mahlen einer monströsen Mühle erinnerte. Hinter uns ragten die Gipfel der Insel über 900 Meter hoch in den Himmel, dazu fegte durch die Täler und über die wandernden Gletscher ein Wind, der uns mit Hagel peitschte und unter Schnee begrub.

Unwirtlich, einsam und von Gletschern umschlossen war unser Zufluchtsort so ungemütlich wie nur irgend möglich. Trotzdem waren wir dankbar. Alles war besser als die Eisschollen. Direkt vor uns lag unsere Hoffnung – der riesige, weite, schäumende Ozean, der die

Küsten der Tropen und der Pole umspielte, der direkte Weg zu festem, bewohntem Land, zu unserem Heimatland – und zur Freiheit.

11 *Unser Leben unter zwei Booten*

Unsre Hütte ist doppelstöckig, hat 22 Schlafzimmer,
sogar Bibliothek und Salon, doch leider reicht es nimmer
für ein Badezimmer, vielleicht musst du da lachen
doch es war besser, solche Sachen
auf der Elefanteninsel nicht zu machen.

UNSER LIED

Da wir auf der Insel festsaßen, setzten wir alles daran, unser Los möglichst erträglich zu gestalten. Unseren Schätzungen nach würde die *James Caird*, von der Vorsehung geleitet, Südgeorgien in vierzehn Tagen erreichen, und dann konnte es höchstens noch zwei Wochen dauern, bis die Rettungsmannschaft eintraf.

Nachdem wir jeden Quadratmeter des Strandes nach einem Unterschlupf abgesucht hatten, waren wir zu dem Schluss gekommen, dass unsere einzige Hoffnung darin bestand, in den Fuß eines benachbarten Gletschers eine Höhle zu hacken, und dieser Aufgabe widmeten wir uns mit aller Kraft.

In der Zwischenzeit mussten wir, da unsere gesamte Ausrüstung durchnässt war und nicht getrocknet werden konnte, in nassen Schlafsäcken schlafen und unsere durchweichten Kleider, nachdem wir sie ausgewrungen hatten, mit hineinnehmen, damit sie bis zum Morgen nicht steif froren. Dieser Lebenswandel tat uns keinerlei Schaden, und wir schrieben unsere Immunität der Tatsache zu, dass wir große Mengen Tran zu uns nahmen, die uns offenbar wasserunempfindlich machten. Ein guter Robbeneintopf mit viel Speck direkt vor dem Zubettgehen erzeugte dampfende Hitze, und so schliefen wir tief und fest, obwohl unter unseren Schlafsäcken das Eis zu Wasserlachen taute.

Es mag unglaublich scheinen, dass menschliche Wesen unter solchen Umständen existieren können. Noch erstaunlicher war aber eigentlich, dass die Männer, von denen viele bei der Landung an der Schwelle des Todes gestanden hatten, sich in dem wohl seltsamsten und unwirtlichsten Genesungsheim der Welt so rasch erholten. Wir hatten wohl schon so lang unter diesen Bedingungen gelebt, dass wir daran gewöhnt waren. Unser Leben neben dem eingeschlossenen Schiff hatte uns allmählich mit den antarktischen Widrigkeiten vertraut gemacht, obwohl uns die *Endurance* nachts eine Bleibe bot, in der wir uns von den körperlichen Strapazen der täglichen Arbeit erholen konnten. Derart vorbereitet war das anstrengende Leben auf den Schollen auszuhalten. Untrainierte Männer hätten sicher ein schreckliches Ende genommen. Auf dem Treibeis wuchs unsere Widerstandskraft gegen die Kälte, und unsere Körper gewöhnten sich an die ›Tran-mit-Robben-und-Pinguinfleisch-Diät‹, von der wir hauptsächlich lebten. Wären wir in diesen traurigen fünf Monaten nicht so abgehärtet worden, hätten wir die fürchterliche Bootsreise sicher nicht überstehen können. Die Anpassungsfähigkeit des menschlichen Körpers ist einfach phänomenal. Mittlerweile konnten wir das Klima fast so gut vertragen wie die Robben selbst.

Nach vier Tagen harter Arbeit an der Eishöhle, in der wir kampieren wollten, gaben wir die Hoffnung auf, dort ein Heim schaffen zu können, denn bald stellte sich heraus, dass das Tauwasser lästig werden würde. Wenn die Temperatur anstieg, lief es in Strömen über den Boden, fiel tropfenweise von der Decke und plätscherte in kleinen Bächen die Wände hinab. Unsere Arbeit an der Höhle brachte also außer Übung gar nichts. Da kam Wild auf die glänzende Idee, aus den zwei übrig gebliebenen Booten eine Hütte zu bauen. Alle mussten mithelfen, niedrige Steinmauern zu errichten, auf die wir nebeneinander die beiden umgedrehten Boote legten, dann wurden die Segel und die Bodenplanen der Zelte als Dach über die Boote gezogen. Befestigt wurden sie mit Tauen und dünnen Holzlatten aus ehemaligen Vorratskisten, die wir mit den herausgezogenen Nägeln anbrachten. Die Seiten verstärkten wir mit Zeltplanenresten, und an der sturmabgewandten Seite nähten wir einen Zelteingang an. Den Boden – der, nebenbei bemerkt, zu einer alteingesessenen Pinguinkolonie gehörte – bestreuten wir mit Kieselsteinen vom Strand. Mit diesen Arbeiten hatten wir viele Tage zu tun, denn wir mussten die unterschiedlichsten Teile und Reste zusammenbasteln, aber schließlich wurde das ›Haus‹ für wasserdicht erklärt, und James und ich – wir hatten zwischenzeitlich in dem einzigen noch intakten Zelt gewohnt – zogen mit ein. Ich beschrieb das Ereignis in meinem Tagebuch folgendermaßen:

James und ich ziehen um in die Bootsunterkunft, die wir ›Die gute Stube‹ getauft haben. Nachts schreckliche Windstöße, die unsere neue Bleibe zu zerstören drohen. Der Wind ist eine Aufeinanderfolge von Sturmböen, die den Gletscher südsüdwestlich von uns herunterjagen. Jede Bö kündigt sich an durch ein dumpfes Grollen, dass sich zu donnerndem Krachen steigert. Schnee, Steine und Kies werden davor hergetrieben und alles, was nicht mit dicken Steinen beschwert ist, fliegt ins Meer. Der Unterschlupf ist im Vergleich zu den Zelten wirklich sehr bequem und wird unser Leben viel angenehmer machen. Die umbaute Fläche beträgt 5,5 mal 3,5 Meter, und die Decke befindet sich nur etwa anderthalb Meter über dem Boden. Der kleine Tranofen verbreitet angenehme Wärme, dient zum Kochen und füllt den Unterschlupf derart mit Ruß und Rauch, dass unsere Augen schmerzlich tränen und wir fast ersticken. Und doch ist es ein Schritt in die richtige Richtung, wenn man das Leben unter solch grässlichen Bedingungen etwas angenehmer gestalten möchte. Alle 22 Männer schlafen in diesem engen Raum wohlig aneinander gedrängt wie Ölsardinen. Zwischen den Ruderbänken sind grobe, improvisierte Liegen angebracht, sechs in jedem Boot, der Rest ›pennt‹ auf dem Boden.

Licht für das Ganze, oder eher ein schwacher Schimmer, fällt durch zwei winzige Fenster – eins besteht aus einer kleinen Scheibe von etwa 20 Zentimeter Durchmesser, die aus dem Glasdeckel des Chronometers stammt, und das andere aus einem kleinen Stück Zelluloid, das einstmals ein Erinnerungsfoto bedeckte. Für zusätzliche schwache Beleuchtung sorgen ein paar Tranlampen aus leeren Lebensmitteldosen, in die wir als Docht alte Kleider gedreht haben. Sie rauchen und stinken so sehr, dass die Luft nach einiger Zeit zum Schneiden dick ist. Tatsächlich ersticken sie sich beinahe selbst – und uns auch.

Wenn der Wind den Herdrauch zurück in den Schornstein drückt, kann man kaum einen Meter weit sehen, und die ganze Bude krächzt Verwünschungen und hustet. Dann flüchtet man mit einem inbrünstigen ›Gott sei Dank!‹ nach draußen in den Schneesturm.

Mit äußerster Genauigkeit verteilt Wild die Rationen, die außer den Haaren und den Federn alles beinhalten, was Robben und Pinguine zu bieten haben. Nach dem Essen sind wir genauso hungrig wie vorher; wir müssen sehr sparsam sein, und das Klima beschert uns einen erstaunlichen Appetit. Robben und Pinguine sind für Schiffbrüchige im Eis außerordentlich bequeme Opfer. Sie liefern nicht nur das Essen, sondern mit ihrer fettigen Haut auch noch den Brennstoff für den Herd dazu. Das Salz zum Kochen war schnell verbraucht, aber wir fanden bald heraus, dass man dem Eintopf oder der Suppe nur 50 Prozent Salzwasser zugeben musste, und schon hatte man einen ausgezeichneten Ersatz ohne Nebenwirkungen.

Im Laufe der Zeit wurde klar, dass die Schneestürme, die uns am Anfang überfallen hatten, zum festen Erscheinungsbild gehörten. Abgesehen von den kurzen Windstillen war das Klima eigentlich fast so schlimm wie das, das ich mit Sir Douglas Mawson in Adélie-Land angetroffen hatte. In Adélie-Land gab es allerdings eine warme, bequeme Hütte und keinen Mangel an Proviant. Jetzt lebten wir in einem Elendsquartier und mussten das Essen strengstens rationieren, denn in dieser Ödnis verfolgte uns das Gespenst des Hungertodes.

Abgesehen von ein paar Kisten mit ›Gaumenkitzlern‹, die uns eher aufreizten als sättigten, waren wir vollkommen abhängig von den Lebewesen, die aus dem Meer zu uns kamen. Oftmals, wenn das Packeis den Ozean für längere Zeit für uns verschloss, waren wir am Rande des Verhungerns, aber jedes Mal, wenn die Verzweiflung ihren Höhepunkt erreichte, fegte unweigerlich ein Schneesturm das Packeis zur Seite, und Pinguine und Robben stiegen aus dem offenen Wasser. Es sah wirklich so aus, als stünden wir unter dem Schutz des Allmächtigen. Das passierte nicht nur einmal, sondern fünfmal. Wenn unser Mut zu sinken begann, gab Wild uns neue Hoffnung. »Ihr könnt sicher sein«, sagte er, »dass der Allmächtige, der uns durch all diese schweren Prüfungen und Gefahren leitete, uns nicht in diesen rettenden Hafen geführt hat, um uns hier elend verhungern zu lassen.«

Dann ging uns auf, wie weise Wilds Worte waren,

die Zweifel verließen uns und machten einem starken Glauben Platz. Seltsamerweise kamen immer nur gerade so viel Pinguine und Robben an den Strand, wie wir brauchten. Bis zum Ende unseres Aufenthaltes gab es niemals einen Überschuss.

Obwohl das schlechte Wetter uns tagelang unter den Booten hielt, gab es kurze Unterbrechungen, die uns für all diese wilde Grausamkeit entschädigten, und in einer dieser Pausen brachte ich die folgenden Gedanken zu Papier. Sie beschreiben die Aussicht von der Gipfelspitze, die wir täglich erstiegen, um nach einem Segel Ausschau zu halten.

Das Wetter ist herrlich – schöner, warmer Sonnenschein und kein Hauch Wind. Kap Wild ist eine schmale Felsbank, die am Fuße eines beeindruckenden kirchturmartigen Gipfels aus dem Festland vorragt. Sie ist an der Stelle etwa 60 Meter breit, fast flach und liegt ungefähr drei Meter über der Hochwassergrenze. An der äußersten Spitze steigt sie zu einer steilen Steinklippe von etwa 37 Metern Höhe an, die meerwärts von einem 90 Meter aufragenden felsigen Inselchen bewacht wird, das ein flaches, zerklüftetes Gesicht zeigt und von uns ›Der Gnomon‹ genannt wird. Die Küste im Osten, die großartige Ausblicke auf steile Gipfel bietet, endet an der hübschen Insel Cornwallis, deren Zinnen und Türme mit dicken Gletschern bedeckt sind, die wie gefrorene Wasserfälle über dem Meer hängen. Im Westen erblickt man einen glänzenden blauen Gletscher, von dem die südwestlichen

Schneestürme aus dem Inland kommen und wo auch oft Lawinen abgehen. Der Blick in die Ferne wird durch eine stolze felsige Landzunge behindert, doch gelegentlich sind ein paar Inselchen zu erkennen, die als ›Robbenfelsen‹ bekannt sind. Von meinem Aussichtspunkt aus bietet sich meerwärts ein Anblick, der unvorstellbar schön und doch traurig ist, denn das Meer ist kaum zu sehen vor lauter Packeis – einem riesigen, undurchdringlichen Feld, das schnell von Ost nach West treibt. An der Ostseite der Landzunge erscheint bei Ebbe ein schöner Kiesstrand, auf dem wir oft Robben und Pinguine finden. Es sieht so aus, als gäbe es in der Brutzeit auf Kap Wild eine Pinguinkolonie.

In den zwei Wochen nach der Abfahrt Shackletons und seiner Begleiter gingen die Tage schnell vorüber, denn wir waren vollauf damit beschäftigt, auf dieser windumtosten Landzunge ein bewohnbares Lager zu errichten. Ständig dachten wir an das kräftige kleine Boot, das wir über den unermesslichen Ozean geschickt hatten wie Noah die Taube, damit es Nachricht brachte und uns von unserem Berg Ararat errettete. Wir hielten die *James Caird* mit einer so erfahrenen Besatzung für ausreichend seetüchtig, die Reise zu bestehen, auch wenn wir genau wussten, wie gefährlich sie war. Als die Südostwinde immer mehr Eismassen herantrieben und unsere Bucht häufig mit Eisschollen verstopft war, die bis zum Horizont reichten, wurde uns klar, dass uns wahrscheinlich nur ein Schiff erreichen konnte, das für die Fahrt im Eis gebaut war und auch dann nur, wenn es vor dem Wintereinbruch kam. Der Tag, an dem die *Caird* unseren Schätzungen nach frühestens die Walfanggründe erreichen konnte, ging vorüber, und dann, als Tag für Tag verstrich, ohne ein Zeichen am Horizont, fügten wir uns ins Unvermeidliche. Wir mussten an diesem traurigen, stürmischen Ort überwintern und den Beginn des Frühjahres abwarten, bis Rettung kam. Das war zu schaffen, nachdem wir uns an die harten Wetterbedingungen gewöhnt und uns eine philosophische Grundhaltung zugelegt hatten. Wir fanden uns damit ab, das Beste daraus zu machen. So sah, nach meinem fettfleckigen und rußverschmierten Tagebuch, das alltägliche Lagerleben aus:

Um sieben Uhr, wenn der Tag kaum angebrochen ist, muss der Koch an die Arbeit. Die Pinguinsteaks für das Frühstück zu machen dauert bis 8 Uhr 45, dann werden die, die noch nicht aufgestanden und ausgetreten sind, von Wilds heiserem Ruf ›Auf und mach fest‹ geweckt. ›Klarschiff‹ wird gemacht, indem wir alle Sachen zusammenrollen und oben in den Kojen ›querschiff‹ verstauen. Dann werden die Kisten, die dem Koch als Lager gedient haben, in einem exzentrischen Kreis um den Ofen herum aufgestellt, der schon vorher von der Küchenordonnanz angezündet worden ist, und jeder nimmt seinen angestammten Platz ein. Damit alle ihren Anteil an der Ofenwärme bekommen, wechseln wir pro Mahlzeit einmal rundhe-

rum die Plätze. Erklingt der ersehnte Ruf ›Essen fassen!‹, bringt der ›Steward‹ der Messen – es gibt insgesamt vier – seinen Topf zur Kombüse, wo Wild das ›Austeilen‹ übernimmt. Die Steaks werden so genau wie möglich in einzelne Portionen zerlegt und ›an den Mann gebracht‹. Nach dem Frühstück gibt es eine Viertelstunde ›Zigarettenpause‹, dann verteilt Wild die verschiedenen Aufgaben. Sie sind nicht schwer oder anstrengend, aber wichtig für die körperliche Betätigung. Um 12 Uhr 30 heißt es dann wieder ›Essen fassen!‹, und es gibt einen kleinen Imbiss, meist Appetithäppchen wie etwa Reisplätzchen, gerösteten Zwieback, dünne Suppe, Eintopf oder die sehr beliebte, aber nur selten ausgeteilte Nusspaste. Am Nachmittag beschäftigen wir uns mit allerlei Kleinigkeiten – Ausbessern, Vögel fangen, Pinguine häuten etc. Um 16 Uhr 30 ist das Abendessen fertig. Es gibt immer dasselbe – Robbeneintopf. Der schmeckt zwar nicht besonders gut, wird aber geschätzt, weil die Portionen reichlich ausfallen. In der Mitte des ›Stuhlkreises‹ werden zusätzliche Tranlampen aufgestellt, deren qualmender Fackelschein unsere schmutzigen Gesichter erhellt. Es ist ein gespenstischer Anblick – die Lampen beleuchten die rauchgeschwärzten Gesichter von unten, wie Bühnenscheinwerfer, und ihr Licht spiegelt sich in den funkelnden Augen und im Glitzern der Aluminiumbecher. Der flackernde Lichtschein, der aus der offenen Ofentür dringt, wirft seltsame tanzende Schatten an die Bootswände, die an eine Räuberbande denken lassen, die in einem riesigen Schlot oder in einer Kohlenmine einen gelungenen Streich feiert.

Das verdutzte Gesicht eines Besuchers, der unversehens in diese rauschebärtige und ungepflegte Gesellschaft geriete, kann ich mir gut vorstellen. Und seine Bestürzung würde sich schnell in Ekel verwandeln, denn der Gestank nach Fett und die Ausdünstungen von 22 Männern, die seit sieben Monaten ungewaschen auf engstem Raum zusammenleben, schaffen zusammen mit dem blauen Qualm unseres selbst gefertigten Mieftabaks eine höchst ungesunde Atmosphäre.

Nach dem abendlichen Eintopf dreht die Unterhaltung sich meist um Dinge aus der zivilisierten Welt, um Orte, Feste und Theater und darum, was wir zu tun gedenken – hauptsächlich essen. Die Ferien, die wir uns vorstellen, werden nur noch da verbracht, wo es immer heiß ist; wir träumen von Spaziergängen in warmen Ländern und auf tropischen Inseln. Reisen im unerforschten Neuguinea sind ein beliebtes Thema, und wir alle schwören, dass wir, sollten wir jemals der Gefangenschaft im Eis entrinnen, uns zum Auftauen sofort auf eine Expedition in hitzedampfende Sümpfe und Urwälder begeben.

Nach der ›Zigarettenpause‹ wird Klarschiff gemacht, indem wir aus den Kisten, auf denen wir gesessen haben, wieder ein Lager für den Koch herrichten. Die Bewohner der oberen Kojen hangeln sich mit affenartiger Geschicklichkeit zu ihrer Liegestatt, und der Fußboden wird mit Schlafsäcken ausgelegt, in die ihre Besitzer sich einmummeln wie gigantische Schnecken. Hussey verwöhnt uns normalerweise noch eine halbe Stunde mit seinem Banjo-Spiel, in das die Sänger unter uns gern einstimmen.

Dann schlafen wir. Der schwache Schein des Tranfeuers, das wir immer am Brennen halten, um Streichhölzer zu sparen, wirft gedämpftes Licht auf Gebilde, die wie Mumien aussehen. Lautes Schnarchen aus unseren Rentierfell-Schlafsäcken vermischt sich mit dem Tosen des Sturms.

Es war nicht weiter verwunderlich, dass die ausschließliche Ernährung von Pinguin- und Robbenfleisch erstaunliche physische und psychische Auswirkungen hatte. Wir schliefen fünfzehn Stunden am Stück und träumten von wunderbaren Banketten und fantastischen Speisen, die mit quälender Regelmäßigkeit genau in dem Moment verschwanden, in dem wir uns auf sie stürzen wollten. Äußerlich wurden wir selbst fett und tranig, doch die geringste Anstrengung war unseren müden Muskeln zu viel und erschöpfte uns. Die schlimmste Folge jedoch war das allgemeine Schnarchen. Man konnte das eigene Schnarchen gar nicht mehr aus dem der anderen heraushören. Trotzdem gab es einen, der alle anderen mit Leichtigkeit übertraf und sich daher den Titel ›der Schnarcher‹ verdiente. Seine allabendliche Vorstellung wäre nicht einmal von einem fahrenden Musikanten mit Posaune überboten worden. Alle Anstrengungen, ihn zum Schweigen zu bringen – und es gab deren viele und verschiedene – waren umsonst. Wild führte eine Schnur durch Ösen an allen Kojen vorbei und band ein Ende am Fuß des Schnarchers fest. Wenn irgendeiner aufgeweckt wurde, zog er an der Schnur, dann ging das Bein hoch und das Schnarchen runter. Aber gegen Ende der Woche gewöhnte der Schnarcher sich an diese Unterbrechungen und reagierte nicht mehr auf das Ziehen am Bein. Das zu diesem Thema verfasste Lied erzählt, wie endlich wieder Ruhe und Ordnung hergestellt wurden:

Es war in einer dunklen und stürmischen Nacht,
viel Schnee lag auf dem Boden,
da stieg ich aus dem Schlafsack sacht,
schaute mich um ganz verstohlen,
und schlich mich bis zum Schnarcher vor,
dessen Sägen zu beenden ich schwor.
So nahm ich das Seil von seinem Bein
und steckte seinen Hals hinein.

Und immer wieder redeten wir vom Essen! Ein Doughnut lieferte uns Gesprächsstoff für eine ganze Stunde; ein Menü mit fünf Gängen konnte uns den gesamten Abend beschäftigen. Marstons *Penny Cookery Book* war unsere Lieblingslektüre. Wenn daraus vorgelesen wurde, lief uns das Wasser im Mund zusammen, und wir spitzten die Ohren, damit uns ja kein Wort entging. Eigentlich hatten wir Glück, dass wir nicht tatsächlich unter den Folgen der imaginären Schwelgereien leiden mussten, zu denen es uns verführte. Wir konnten an gar nichts anderes mehr denken als an Essen. Dieses seltsame Gebaren war nicht auf Hunger zurückzuführen, der ja den Verstand schärft und die geistigen Fähigkeiten verbessert, sondern auf die Eintönigkeit unserer fetthaltigen Kost. Zum Spaß habe ich einmal Teile einer typischen Unterhaltung aufgeschrieben. Die Seite, von der ich gerade abschreibe, ist schwarz von Ruß und Robbenschmalz:

Auszüge einer Unterhaltung im Schlafsack:

Wild: Magst du Doughnuts?
McIlroy: Und wie!
Wild: Sind auch ganz einfach zu machen. Ich hab sie gern kalt mit ein bisschen Marmelade.
McIlroy: Nicht schlecht, aber wie wär's mit einem riesigen Rum-Omelett?
Wild: Verdammt gern [mit einem tiefen Seufzer].

Oben reden zwei Matrosen über eine besondere Mischung aus Hackfleisch, Apfelsauce, Bier und Käse. Marston erörtert mit dem Koch, ob ein Pudding stets Semmelbrösel als Grundlage haben sollte. Weiter hinten im Raum singt jemand das Hohelied des typisch schottischen Butterkuchens. Mehrere der Matrosen unterhalten sich angeregt über Korinthenpudding und Auflauf. Dann fällt es jemandem ein, leise flüsternd die Nusspaste aus unserer Schlittenration zu loben, woraufhin sich das Gespräch wieder allgemeineren Dingen zuwendet.

Ein anderer Eintrag im Tagebuch lautet:

Herbsttage sind kurz, denn die Sonne, die am Himmel einen kurzen Bogen beschreibt, geht nach vier Stunden golden glänzend im Meer unter. Einmal noch flammt die Landschaft rot auf, dann nimmt sie, wie vergehende Holzscheite in der Glut, die dunkle, aschgraue Farbe der Nacht an. Die Sterne kommen hervor und schmücken den Himmel mit silbernem Flitter, das Meer schwappt träge an den Kieselstrand. Dann dringen aus der guten Stube die Klänge von Husseys Banjo und eine altbekannte Weise:

Wenn süß das Mondlicht
Auf den Hügeln schläft,
die Nacht sich schmückt,
mit goldnem Sternenschein.

Was für eine raue Umgebung für ein so gefühlvolles Lied. Für einen Moment bin ich wieder zu Hause, im guten alten Sydney, da holt mich plötzlich eine Lawine, die vom Gletscher in die Bucht herabstürzt, auf den Boden der Tatsachen zurück. Das Echo breitet sich aus und wird von den Hügeln zurückgeworfen, dann schlägt die aufgewühlte See an den Strand, und schließlich ist alles wieder still. Wir kriechen in unsere Schlafsäcke, vielleicht träumen wir ja von der Heimat und lieben Gesichtern, und so teilt unsere kleine Welt den unsanften Schlummer der Natur.

Ende des Monats stand der Winter direkt bevor. Die Landzunge und der Kiesstrand lagen unter einer dicken

Eisschicht begraben, die Riffe und die vorgelagerten Felsen trugen Eiskappen aus gefrorenem Gischt. Der eisige Atem des Südens trieb Stürme aufs Meer hinaus und peitschte die Wellen so, dass sie weiß aufschäumten und zu Nebel zerstoben. Er strömte wie ein Fluss über die Gletscherhänge, donnerte über unser Heim und verfolgte uns mit seinem unaufhörlichen Geheul, während er zwischen den Felsen sein wirbelndes Spiel trieb. Schreckliche Böen ließen die dünnen Segeltuchwände flattern und rüttelten derart am Bootsüberbau, dass wir in ständiger Angst lebten. Aber wir wagten es auch nicht, den Schutz der Boote zu verlassen, denn wir fürchteten uns vor den herumfliegenden scharfkantigen Platten aus ›Fenster-Eis‹. Diese besondere Eisform entsteht während einer Windstille, wenn Regen und Graupel am Boden als dünne, durchsichtige Schicht gefrieren. Die Sturmwinde zerreißen die etwa 1,5 Zentimeter dicke Eishülle in bis zu 30 Zentimeter große Stücke, die wie fliegende Scheiben herumwirbeln. Unser Unterschlupf war einem pausenlosen Bombardement ausgesetzt, das nach zersplitterndem Glas klang und erst aufhörte, als das ganze Scheibeneis auf die See hinausgetragen worden war. Trotzdem hätte unsere Lage weitaus schlimmer sein können. Besonders wohl fühlte ich mich, wenn ich an die fürchterlichen Schneestürme in Adélie-Land zurückdachte, wo wir Temperaturen von minus 34 Grad Celsius in einem Schlittenzelt ausgehalten hatten. Und in einem Tagebucheintrag gegen Ende des Monats vermerke ich zufrieden, dass wir endlich so verdreckt sind, dass wir gar nicht mehr schmutziger werden können. Keine Gelegenheit zum Waschen zu haben war das schlimmste Übel.

Der Juni begann mit einem bedrohlichen Brennstoffmangel. In den sechs Wochen seit unserer Landung hatten wir 606 Pinguine erlegt; aber während wir die Kadaver kühl lagern konnten, hatten wir die Häute für den Ofen verbraucht. Glücklicherweise gelang es mir, aus einem Ölfass eine Ofenklappe zu konstruieren, die 50 Prozent der Hitze daran hinderte, durch den Schornstein zu entweichen, obwohl wir beim Ausprobieren vor lauter Rauch nichts sehen konnten und fast erstickt wären. Dann hatten wir wieder einmal Glück; in zwei aufeinander folgenden Nächten kamen über hundert Vögel an den Strand und ich erlegte einen riesigen Robbenbullen – als Nahrung etwa 80 Pinguinen gleich.

Das Ereignis des Monats war die Mittwinter-Feier (22. Juni). Der kürzeste Tag wurde durch einen dichten Nebel noch kürzer, doch wir begingen ihn trotzdem mit einer Feier und einem Lied auf die längste Nacht des Jahres.

In dem See-Elefanten, den ich erlegt hatte, fanden wir dreißig erst kürzlich verschluckte Fische. Dieses unerwartete Geschenk bescherte uns eine Vorspeise und einen Fischgang, und für den Geflügelgang fingen wir ein paar Seemöwen; aber die Krönung war der Pudding, der aus zwölf zerbröselten Nussriegeln, zwanzig zerkrümelten Zwiebäcken und vier zerkleinerten Schlittenrationen kreiert worden war. Mit einer extra starken Portion Milch aus unserem Milchpulvervorrat stießen wir recht bewegt auf ›den König‹, ›die Wiederkehr der Sonne‹, ›den Boss und die Besatzung der *James Caird*‹ und ›unsere Frauen und Freundinnen‹ an. Nach der Feier blieb lediglich ein Seevogel übrig, und Wild beschloss, ihn mithilfe unseres schmierigen Kartenspiels an den Mann zu bringen. Der Reihe nach hoben wir ab, bis nur noch James und ich im Spiel waren. Als eine Runde nach der anderen unentschieden ausging, rückten die bärtigen, rußigen Gesichter im flackernden Schein der qualmenden Tranlampen immer näher zusammen. Wild mischte die Karten, aber es blieb bei dem Remis. Die Karten waren wie verhext. In der 13. Runde schließlich gewann ich, nur um herauszufinden, dass der Vogel in mehr als nur einer Hinsicht ein außergewöhnlich zäher Brocken war.

Ich frage mich, ob es für ein volkstümliches Konzert je einen ausgefalleneren Rahmen als unser Mittwinterfest gegeben hat. Riskieren Sie doch einen Blick durch das Chronometerglas, das wir neulich in die Wand unserer Hütte gesetzt haben, durch die von den Tranlampen und dem Ofen verräucherte Luft und betrachten Sie das Publikum – das sich gezwungenermaßen in die Schlafsäcke zurückgezogen hat; denn die Konzerthalle ist gerade einmal 1,45 Meter hoch und bietet einer 22-köpfigen Gruppe nur zum Liegen Platz. Am hinteren Ende haben Wild, Dr. McIlroy, der Physiker James und ich es uns auf dem Boden bequem gemacht. Da ich am nächsten am Ofen hause, werde ich tagsüber geröstet, und nachts regnet Raureif auf mich herab. Im Vordergrund ruhen fünf weitere Gestalten – Dr. Macklin, Kerr, Wordie, Hudson und Blackborrow – die letzten beiden sind Invaliden. In der Mitte stehen Kisten (die dem Koch als Lager dienen), Brennstoffbehälter und eine einzelne Mumie, das ist Lees in seinem Rentierschlafsack. Darüber befindet sich unser Dachboden oder, wenn man so will, die zweite Etage. Dort wohnen zehn ungepflegte und unordentliche Gesellen. An jeder nur möglichen Stelle hängen Kleidungsstücke voller Ölflecken, die zum Himmel stinken würden, wenn sie in dem allgemeinen Mief überhaupt noch Beachtung fänden. Tagsüber krabbeln wir zwischen diesen stinkenden Klamotten herum wie eine Schar Küken in einem Brutkasten, doch wenn das Konzert auf dem Höhepunkt ist, werden sie heruntergenommen und weggepackt, damit die Musik in der stickigen Atmosphäre besser zum Tragen kommt.

Das Programm des Mittwinterkonzerts bot vielleicht keine künstlerischen Glanzstücke, aber nicht einmal im Covent Garden hätte es ein aufmerksameres Publikum geben können. Wie auch, wenn jeder Zuhörer gleichzeitig Mitwirkender war? Von den mehr als 30 Darbietungen waren über die Hälfte umgedichtete Lieder, Geschichten und Vorträge, über die sich die Akteure tagelang den Kopf zerbrochen hatten, und keine Studentengruppe der Welt hat je lauter über die eigenen Witze gelacht oder den Refrain begeisterter mitgebrüllt als wir.

Eins dieser Lieder ging zum Beispiel so:

Oh. Franky Wild! Oh, tra-la-la-la-la-la!
Mister Franky Wild! Oh, tra-la-la-la-la-la.
Ich heiße Franky Wild-oh; meine Hütte steht auf dem Elefanten-Eiland,
auf dem Dach ist kein einziger Ziegel, kein einziger Stein in der Wand;
doch lasst euch sagen, sie ist mit großem Abstand
das schönste Gebäude auf dem ganzen Elefanten-Eiland.

Wie vorauszusehen war das Thema ›Essen‹ eine äußerst ergiebige Quelle für Witze. So brachte etwa James eine mitreißende Parodie auf eine fröhliche Ballade:

Auf einer einsamen Insel mit eisigen Stränden, beleckt von stürmischen Wogen,
da wohnte unter zwei umgedrehten Booten, behaglich und gut aufgehoben,
ein schmieriger Haufen von 22 Männern, die so manche Meile gefahren
und heut' oft bei Nacht lächelnd in ihren Schlafsäcken liegen.

Refrain
Wo wir von seltenen Süßigkeiten träumen und tollem Konfekt,

einem riesigen Apfelkuchen, den jeder gern hätt';
uns gerade ein Mandelkuchen oder ein zarter Pudding schmeckt,
die ein sterblicher Bäcker kaum zustande gebracht hätt'.

Hussey, der mit seinen schlagfertigen Antworten die Stimmung anheizte, mit seinem klaren Gesang den Ton angab und dem Chor mit seinem Banjo Nachdruck verlieh, war die Seele der Party. Mit ›den alten Liedern … die einen zum Lachen und zum Weinen bringen‹, gelang es ihm tatsächlich, ›unsere Herzen zu rühren‹.

Da Not und Gefahr uns ständig begleiteten, waren wir toleranter und hilfsbereiter geworden und konnten jetzt neben unserem eigenen Standpunkt auch den der anderen verstehen. Außerdem hatten wir gelernt, Erfüllung und Zufriedenheit in einem Leben zu finden, das uns von allen Unterschieden, Nebensächlichkeiten und Fallen der Zivilisation befreit und alle auf dieselbe Stufe gestellt hatte. Die Notwendigkeit zwang uns, unter primitivsten Bedingungen zu leben und nicht nur materielle Dinge miteinander zu teilen, sondern auch schmerzliche Trauer und überwältigende Freude. Es gab nur einen einzigen Streit, zwischen einem der Matrosen und mir. Es ging um eine Kleinigkeit, und zwar während eines Schneesturms, als die anderen alle unter den Booten waren, daher bekam niemand etwas mit. Beide waren wir von aufbrausendem irischem Temperament, und nachdem wir uns mit charakteristischem

Ungestüm aufeinander gestürzt hatten, legte die Wut sich ebenso schnell, wie sie aufgeflackert war; wir schlugen unsere Streitigkeiten in den Wind und reichten uns die Hand, das war der Beginn einer wunderbaren Freundschaft.

In diesem Monat, im Juni, verwandelten Dr. McIlroy und Dr. Macklin unsere gute Stube in einen Operationssaal und amputierten die erfrorenen Zehen unseres jüngsten Kameraden Blackborrow, der die ganze Zeit schwer gelitten hatte und sich nicht erholte. Wild und ich spielten die Krankenpfleger und hielten die Temperatur im ›Saal‹ bei 10 Grad Celsius, indem wir den Ofen mit Pinguinhäuten voll stopften. Der Qualm war dicht und die Tranlampen verbreiteten nur wenig Licht, als Macklin das Chloroform verabreichte und McIlroy mit der Operation begann, die nicht nur Blackborrows Bein rettete, sondern wahrscheinlich sogar sein Leben. Bemerkenswert ist, dass die allgemeine Gesundheit durchweg gut war und die Mannschaft vom Skorbut verschont blieb, dem Schreckgespenst aller Polarexpeditionen. Auf der *Endurance* war die Kost abwechslungsreich genug gewesen und auf der Elefanteninsel hielt offenbar die reichliche Zufuhr von frischen Fetten den Skorbut fern. Unser Geschmack passte sich dem an, was der Körper brauchte, so dass roher Speck, zerlegt und in dünne Scheiben geschnitten, mit Genuss verzehrt wurde und eine halbe Tasse Pinguinöl runterging wie ein Schluck süßer Wein.

Der Juli war ein besonders abscheulicher Monat. Die

schwankenden Vorfrühlingstemperaturen zerrten an unseren Nerven und machten alles noch schlimmer. An den wärmeren Tagen war es feuchter, so dass die Kälte unangenehmer war als im Winter selbst. Jetzt gab es gelegentlich Regen, und die kräftiger gewordenen Sonnenstrahlen tauten den Schnee, der sich rund um unsere Hütte angesammelt hatte. Der Boden, ein Mosaik aus Kieseln in Pinguinguano, wurde matschig und begann zu stinken. Eines Nachts wachte ich auf, weil ich träumte, ich fiele durch eine Spalte ins Meer, dabei stellte ich fest, dass meine Hand in einer tiefen Pfütze lag, die stetig größer wurde. Uns blieb nichts anderes übrig, als alle ›Bodenbewohner‹ auszuquartieren, eine Senkgrube auszuheben und fast 300 Liter übel riechender Flüssigkeit abzuschöpfen – eine Maßnahme, die noch vor dem Morgengrauen wiederholt werden musste und von da an dreimal pro Tag und Nacht. Der Geruch dieser Flüssigkeit war womöglich noch schlimmer als die verschiedenen – alles andere als wohlriechenden – Düfte, die unsere zahlreichen Experimente mit Tabakersatz hervorbrachten. Am 23. August hatte Wild die letzte Pfeife mit echtem Tabak gestopft, aber schon lange vorher hatten wir den Qualm von Pinguinfedern, Kabelgarn, Trockenfleisch und anderen Pfeifenstopfmitteln ertragen müssen, mit dem die eingefleischten Raucher ihre Sucht zu befriedigen suchten. Eines Abends erwachte ich vom vertrauten Geruch eines australischen Buschfeuers. Ich rieb mir die Augen und erblickte McLeod, einen der Matrosen, wie er zufrieden große Rauchwolken vor sich hinpaffte. Am Tag zuvor hatte er alle Pfeifen ausgeliehen und sie in einer Dose gekocht, um ihnen die Nikotinreste zu entziehen. Dann fand McLeod heraus, dass er einen aromatischen ›Tabak‹ mit außergewöhnlichem Geschmack bekam, wenn er das Gras, mit dem seine Stiefel gefüttert waren, in dieses Gebräu tauchte und anschließend vor dem Feuer trocknen ließ. Der ungewöhnliche ›Duft‹ hatte alle wach gemacht, und im Handumdrehen war ausnahmslos jeder damit beschäftigt, seine Stiefel aufzutrennen, um die Polsterung herauszuklauben. Ein paar Minuten später stiegen Wolken dieses neuen Räucherwerks an die Decke unserer Hütte, von wo aus sie sich in immer dichter werdenden Schwaden auf uns legten. Dass wir die so gepolsterten Stiefel sieben lange Monate ununterbrochen getragen hatten, interessierte niemanden. Dann entdeckte ich, dass sich das Reispapier des letzten verbliebenen Bandes der *Encyclopaedia Britannica* zum Zigarettendrehen eignete; kurz darauf ging das Buch seitenweise in Rauch auf.

Im August, als der Frühling Fuß gefasst hatte, schauten wir täglich mit wachsender Spannung nach der erwarteten Rettung aus. Wild tröstete uns bei jeder Gelegenheit. Morgens weckte er uns aufmunternd mit: »Auf und macht fest, Männer, heute kommt der Boss.« Viermal am Tag kletterten wir, allein oder in Gruppen, auf den Gipfel, der unseren Flaggstock trug, um nach einem Zeichen Ausschau zu halten und den Horizont abzusuchen. Die Schlittenrationen waren uns schon vor langer Zeit ausgegangen, aber als der Strand wieder eisfrei war, sammelten wir Napfschnecken von den Felsen und essbare Rotalgen aus den Tümpeln, die bei unserer eintönigen Kost eine willkommene Abwechslung darstellten; am dankbarsten aber waren wir für die Rückkehr der Robben und See-Elefanten, so brauchten wir nicht mehr pausenlos Pinguine abzuschlachten; wir hatten diese wunderbaren Geschöpfe nämlich sehr lieb gewonnen.

Doch waren wir immer noch von Gefahren umzingelt. Der Gletscher, der sich von einer Seite der Landzunge bis zur Spitze der Westbucht erstreckte, wurde bei den steigenden Temperaturen plötzlich aktiv und gefährlich. Ständig stürzten auf seiner Meerseite riesige Eismassen in die Bucht und lösten große Wogen aus, die mit Eis beladen wie Flutwellen auf uns zurollten und die tiefer gelegenen Gebiete der Felsbank überfluteten. Zweimal rauschten gewaltige, eisgespickte Brecher über die gesamte Landzunge hinweg bis in die Bucht auf der anderen Seite, knapp an unserem Heim vorbei. In nur wenigen Augenblicken hatte die Landzunge sich völlig verändert; von da an war sie mit gestrandeten Eisblöcken übersät. Das dumpfe Dröhnen der Lawinen, die in die Bucht stürzten, das Getöse des aneinander stoßenden splitternden Eises und das zwischen den Bergen nachhallende Echo ließen uns manche Nacht nicht ruhen. Nie wussten wir, was als Nächstes passieren würde an diesem feindlichen Ort, an dem die Natur mit sich selbst im Kampf lag.

Manchmal öffnete sich der Ozean und trug bis auf ein paar vereinzelte Eisberge kaum noch Eis, aber weit häufiger erschien die Aussicht trübe, nicht einmal vom höchsten Punkt aus war Wasser zu sehen, und vor der Küste stapelten sich wegen des vorherrschenden Niedrigwassers mittlerweile die gestrandeten Schollen. Der Horizont blieb weiterhin enttäuschend leer, kein Segel und keine Rauchfahne. Die Landzunge selbst war mit schmutzigem Schneematsch bedeckt, und wir konnten uns nur noch innerhalb eines begrenzten Gebietes von kaum 70 Metern bewegen. Unter diesen Bedingungen lebten wir bis weit in den August hinein. Da wir fast alle Hoffnung verloren hatten, begannen wir zu überlegen, ob wir nicht ein paar Männer mit einem der anderen Boote nach Deception Harbour schicken sollten.

Am 30. August 1916, dem 137. Tag unserer Gefangenschaft, suchten Marston und ich den nördlichen Horizont ab, und ich lenkte seine Aufmerksamkeit auf einen langen, seltsam geformten Eisberg. »Den schrecklichen Klumpen guck ich mir schon seit Monaten an«, lautete die knappe Antwort. Trotzdem betrachteten wir ihn weiter, – da kam plötzlich, o Wunder, aus seinem Windschatten ein Schiff in Sicht. Wir fingen sofort an zu schreien, aber die anderen, die drinnen beim Essen saßen, lachten bloß über uns und riefen uns spöttische Bemerkungen zu. Als wir ihnen schließlich klarmachen konnten, dass die gute Nachricht stimmte, brach ein erstaunlicher Tumult los. Verrückt vor Freude krochen die Männer durchs Dach und rissen die Wände ein. Wild befahl das Leuchtfeuer anzuzünden, und bald schickte ein großer Haufen aus Pinguinhäuten und Robbentran ein dichtes, stinkendes Rauchzeichen gen Himmel. Das war die richtige Gelegenheit, eins meiner letzten drei Fotos zu schiessen, und ich freue mich sagen zu können, dass der Film, nach allem was er durchgemacht hatte, diese wahrhaft historische Szene getreulich ablichtete. Das angespannte Warten war vorbei. Das Schiff, das sich als der chilenische Trawler *Yelcho* erwies, kam heran und setzte ein Beiboot aus. Jubelrufe schallten ihm entgegen. Die an Bord Gebliebenen erwiderten unsere Hochrufe. Ein Hurra folgte dem anderen, die Berge warfen das Echo zurück, und selbst die Sonne schaute kurz durch die Wolken. Aber es war nicht nur der Anblick des Rettungsschiffes, der unsere Herzen höher schlagen ließ. Als das Landungsboot näher kam, erkannten wir zudem unsere lang vermissten und heldenhaften Kameraden Shackleton, Crean und Worsley. Zeit für lange Begrüßungszeremonien blieb allerdings nicht; das konnte bis später warten, wenn wir sicher an Bord waren. Unsere gnadenlosen Wärter, die Eisfelder, drängten herbei, um die Gefängnistore zu schließen. Eilige Wolken trieben über die Berge und verdeckten die Sonne; der kalte und böige Wind fing an zu heulen. Ein Schneesturm zog auf; wir durften keine Minute verlieren. In weniger als einer Stunde waren alle Schiffbrüchigen sicher an Bord der *Yelcho* und dampften nordwärts zu ihren Lieben.

Als wir an Deck standen und zusahen, wie der zunehmende Nebel die vertrauten Gipfel verhüllte, gab es keinen unter uns, der nicht, trotz aller Dankbarkeit, einen Hauch von Traurigkeit verspürte. Zum letzten Mal schauten wir auf das Land, das uns, so öde und unwirtlich es auch war, Schutz gewährt und damit unsere Rettung möglich gemacht hatte.

12 Epilog

Ich werde gar nicht erst versuchen zu beschreiben, was wir beim Wiedersehen mit den Männern fühlten, die zunächst einen mutigen Vorstoß in die Freiheit gewagt und sich dann unermüdlich um unsere Rettung gekümmert hatten. Als wir hörten, was Shackleton von den 18 Wochen, die zwischen ihrer Abreise und ihrer Rückkehr lagen, zu berichten hatte, mischte sich ein Hauch von Neid in unsere Bewunderung. Sie hatten etwas Großartiges geleistet, an dem jeder von uns, trotz der fast unglaublichen Strapazen, gern teilgehabt hätte. Bei der Zigarre nach dem ersten zivilisierten Mahl erzählte ›der Boss‹ uns das Wichtigste; die Einzelheiten erfuhren wir nach und nach.

Dies war der vierte Anlauf zu unserer Rettung. Nach sechzehn Tagen voller unsäglicher Qualen in einem winzigen, zerbrechlichen Boot, das den schrecklichen Seen preisgegeben war, erreichten sie die eisstarrende

Küste Südgeorgiens. Doch die Elemente blieben unerbittlich und vereinigten sich in einer letzten Anstrengung, um sie zu vernichten. Mit ihrer ›Nussschale‹ gerieten sie in den schlimmsten Orkan, den sie je erlebt hatten, und bei der langwierigen Suche nach einer Landemöglichkeit auf der windgeschützten Seite wären sie fast zerschmettert worden. Endlich entdeckten sie zwischen den schäumenden Riffen eine schmale Lücke, durch die sie sich, dank ihres herausragenden Könnens, in Sicherheit brachten. Ein kleines Boot von sieben Metern Länge hatte auf dem stürmischen subantarktischen Ozean 750 Meilen zurückgelegt – eine Bootsreise, die in der langen Geschichte der Seefahrt stets zu den Glanzleistungen zählen wird. Sie kamen tatsächlich an Land, sechs hagere, zerschundene, erschöpfte, hungernde und frierende Männer, mehr tot als lebendig.

Immer noch waren sie weit von jeder menschlichen Hilfe entfernt. Der Weg dorthin wurde ihnen versperrt von den unerforschten Bergen und Gletschern des Inselinneren. Das hatte man stets für unpassierbar gehalten, selbst für kräftige und gut ausgerüstete Gruppen. Auf das Meer konnten sie sich nicht mehr wagen; ihr schwer beschädigtes Boot würde den rasenden Wellen, die der Sturm direkt auf die Küste zutrieb, nicht noch einmal standhalten. Andererseits warteten die auf der Elefanteninsel Zurückgelassenen auf die Rettung, die nur von ihnen kommen konnte. Es gab nur einen Ausweg. Die unwegsamen Berge mussten bezwungen werden.

Mehrere Tage verbrachten sie damit, in einer kleinen Höhle Kräfte zu sammeln, bevor sie sich die Reise zutrauten. Dann brachen Sir Ernest, Worsley und Crean zu dem gewagten Unternehmen auf. Umhüllt von Nebeln, gefährlich nah am Rande der Abgründe vorbei, suchten sie sich mühsam, aber verbissen einen Weg. Ihr Mut zahlte sich aus. Sie erreichten die Walfangstation von Stromness – jämmerliche Gestalten, Gespenster aus der Antarktis, sicher die seltsamsten Reisenden, die jemals an die Tür eines zivilisierten Menschen geklopft hatten.

Von den schrecklichen Gefahren, die ihnen bei dieser Kletterpartie begegneten, sprach Sir Ernest so gut wie nie, aber nach dem, was ich später sah, möchte ich behaupten, dass nur unerschütterlicher Kameradschaftsgeist und der feste Entschluss, das Leben der 22 hungernden Gefährten zu retten, die auf einer sturmgepeitschten Felsbank gestrandet waren, sie zu der verzweifelten Anstrengung getrieben haben kann, mit der sie ohne Ausrüstung und ohne Pause bei Tag und Nacht durch diese verfluchte Gegend stolperten.

Zuerst wurde ein Schiff losgeschickt, das die drei Männer aus der Höhle auf der anderen Seite der Insel holen sollte. Als Nächstes nahm die *Southern Sky*, ein stählernes Walfangschiff unter dem Kommando unseres alten Freundes Kapitän Thom, Kurs auf die Elefanteninsel und machte auch gute Fahrt, aber nachdem sie ein paar Eisberge gesichtet hatte und bis auf 70 Meilen an die Landzunge herangekommen war, auf der wir ausharrten, konnte sie wegen des Packeises nicht mehr weiter. Enttäuscht, aber unverzagt, kehrte man zu den Falkland-Inseln zurück. Sir Ernest bat verschiedene südamerikanische Regierungen um Hilfe.

Den zweiten Versuch unternahm ein Trawler, den die Regierung von Uruguay großzügig zur Verfügung gestellt hatte. Diesmal dampfte das Rettungsschiff sogar bis auf 20 Meilen an unser Lager heran. Damals hingen Nebelschleier über dem Meer, sonst hätten wir das aufgehaltene Schiff am Rande des Packeises sehen müssen. Ein verzweifelter Versuch, einen Weg durch das Eis zu erzwingen, endete damit, dass fast die Propellerblätter von der Schiffsschraube gerissen worden wären, und da die Kohlenvorräte zur Neige gingen, mussten unsere tapferen Kameraden mit ihren Helfern wieder umkehren. Daraufhin reiste Sir Ernest nach Punta Arenas, und innerhalb weniger Tage hatten die dort ansässigen Briten insgesamt 1500 Pfund gespendet, damit uns ein kleiner Schoner, die *Emma*, zu Hilfe eilen konnte. Nach der Abfahrt von den Falkland-Inseln herrschte die ganzen vier Wochen, die die Reise dauerte, schlechtes Wetter. Das Leben an Bord des leicht kenterbaren Schiffes verlangte viel Mut und Ausdauer, denn es wurde von schweren Seen hin- und hergeworfen – für die Stürme am Kap Horn war es nichts als ein Spielball. 100 Meilen von der Elefanteninsel entfernt traf es auf Eis, und der Versuch, eine Passage zu erzwingen, scheiterte – das Schiff wurde beschädigt und wäre beinahe zermalmt worden. Geschlagen fuhr der kleine Schoner über das tiefe, stürmische Meer zurück nach Norden und kam in einem bedauernswerten Zustand wieder auf den Falkland-Inseln an. Aber Shackleton ließ sich nicht entmutigen. Er wusste nur zu gut, in welch schrecklichen Schwierigkeiten die Männer steckten, die sich auf ihn verließen. Jeden Tag rückte der Hungertod näher, daher wagte er es nicht, bis zum Sommer zu warten, wenn das Meer eisfrei war; er musste es weiter versuchen, trotz der Stürme und des Eises und der 17 Stunden Dunkelheit am Tag.

Also richtete er einen dringenden Appell an die chilenische Regierung, doch nur ein kleines Schiff namens *Yelcho* stand zur Verfügung. Für die bevorstehende Reise war es denkbar ungeeignet, trotzdem verließ es zum vierten Rettungsversuch Punta Arenas am 25. August mit Shackleton, Crean und Worsley und einer Crew chilenischer Offiziere und Matrosen an Bord. Diesmal war das Schicksal gnädig. Die See blieb ruhig, und nach fünf Tagen kam die Elefanteninsel in Sicht. Gerade hatte das Packeis durch einen Sturm einen breiten Riss bekommen, der dem Schiff Zufahrt gewährte. Worsley suchte den Lagerplatz und brachte die *Yelcho* so nah heran, wie es die Riffe erlaubten. Ein Beiboot wurde zur Landung ausgesetzt. Wie aufgeregt die Besatzung dieses kleinen Bootes war, kann man sich vorstellen. Der Boss erhob sich und rief zu Frank Wild hinüber: »Alles in Ordnung?«

»Alle wohlauf, Boss!«, schrie Wild zurück.

»Gott sei Dank«, erwiderte Sir Ernest. Dann, als wir

unsere Kameraden Shackleton, Crean und Worsley erkannten, hallten von beiden Seiten Jubel und Begrüßungsrufe übers Meer.

In den drei Tagen, die wir brauchten, um zur Spitze Südamerikas zu gelangen, beschäftigten uns neue und wieder entdeckte Empfindungen. Unser Empfang in Punta Arenas war mehr als nur ein Willkommensfest – es war ein Triumph, der gar nicht mehr aufhören wollte, nicht in den zehn Tagen, die wir noch in der südlichsten Stadt der Welt verbrachten, und auch nicht in den folgenden sechs Wochen, in der wir durch das Land reisten.

Die Stadt war feierlich geschmückt. Am Kai hatte sich eine bunt zusammengewürfelte dichte Menschenmenge versammelt; jeder wartete nur darauf, uns begeistert an die Brust zu drücken. Stürmisch jubelten sie uns zu, als wir durch die immer breiter werdende Gasse mitten durch sie hindurchschritten. In der Elefanteninsel-Garderobe aus stinkenden, fettfleckigen Kleidern, mit Bärten und langen Haaren und seit zehn Monaten ungewaschen, boten wir keinen schönen Anblick, aber trotzdem hieß Punta Arenas uns willkommen. Feine Familien, auch solche, die nicht dem Rang, sondern den Taten nach vornehm waren, nahmen die Geretteten mit nach Hause, bis auf vier, die alle noch so dringlichen Einladungen ausschlugen und lieber ins beste Hotel am Platz gingen. Unser Erscheinen ließ die Kellnerinnen eilig flüchten, und erst am nächsten Morgen, als sie sich vergewissert hatten, dass die rasierten, gebadeten und respektablen Männer, die da am Tisch saßen, tatsächlich die wilden Kerle von gestern waren, kehrten die ängstlichen Mädchen an ihre Arbeit zurück.

Auf der Elefanteninsel war das ›Wunschspiel‹ unsere Lieblingsbeschäftigung gewesen. In unseren Schlafsäcken liegend hatten wir oft gerätselt, was uns wohl am besten gefallen würde, wenn oder falls wir jemals wieder in den Genuss normaler Annehmlichkeiten kommen sollten. Darüber, was wir am liebsten essen würden, herrschten geteilte Meinungen, aber in einem Punkt waren wir uns einig: es würde sich großartig anfühlen, wieder ein Bad zu nehmen, denn der Schmutz aus jener verräucherten Hütte schien selbst auf unserer Seele Krusten gebildet zu haben. Eine randvolle Badewanne mit Seife, eine prickelnde Dusche, das wärmende Abrubbeln, das fast schon vergessene Kratzen der scharfen Rasierklinge – so stellten wir uns damals das Paradies vor – und so war es auch.

Die überwältigende Welle der Gastfreundschaft ließ soziale Unterschiede vergessen; und ich sah sogar einen der Heizer der Expedition in geliehenem Staat ganz ungezwungen mit Millionären Champagner trinken und mit der Selbstgefälligkeit eines Industriemagnaten genüsslich an den feinsten Zigarren ziehen. Was für ein Unterschied zu unserer schmutzigen, nach Tran stinkenden alten Kluft! Und doch war es gewöhnungsbedürftig, wieder Messer, Gabeln, Löffel und Teller benutzen zu müssen – wie viele sinnlose Dinge es auf der Festtafel zu geben schien!

Nur die Bettlägerigen und die Blinden fehlten am Kai, als wir uns nach zehn Tagen wieder einschifften. Zur Begleitmusik der Pfeifen und Sirenen fuhr die *Yelcho* aufs Meer hinaus und senkte ihre Fahne vor den Flaggen, die uns von jeder Mastspitze im Hafen und von jedem Stock an Land unzählige gute Wünsche und Grüße nachwinkten.

Wir wollten westwärts durch die Magellanstraße und dann Richtung Norden an der chilenischen Küste entlang nach Valparaiso fahren, dort an Land gehen und einen Zug über die Anden nach Buenos Aires nehmen, um von da über den Atlantik nach Europa und schließlich nach London zu gelangen.

Lassen Sie mich dem Schiff und der Besatzung, die uns von der Elefanteninsel retteten, meinen Respekt zollen. Die *Yelcho*, die ursprünglich als britischer Schleppdampfer zum Einsatz kommen sollte, hatte zum Zeitpunkt unserer Rettung bereits zwölf Jahre Dienst getan – und jeden Tag davon sah man ihr an. Sie schlingerte in jeder Art von See; bei schlechtem Wind stießen Anker, Ketten, die Deckfracht und was sonst noch so herumlag, ständig aneinander. Ihr Rumpf trug schon lange keine Farbe mehr, und wenn man den Rost von ihren Amaturen kratzte, hatte man ein ungutes Gefühl. Doch zwei Tage nach unserer Abreise aus Punta Arenas lief sie auf eine nicht verzeichnete Untiefe, hob sich ein wenig aus dem Wasser, verbeulte sich böse den Kiel und schrammte darüber hinweg, ohne leckzuschlagen. Trotzdem war ihr Schicksal besiegelt, denn obwohl sie mit Pumpen ausgestattet war, wie alle anderen Schiffe auch, gab es einen entscheidenden Unterschied – ihre Pumpen sprangen nicht an.

Aber war sie nicht trotz allem das Werkzeug unserer Erlösung vom Elend? *Yelcho*, wir ziehen unseren Hut vor dir – vor dir und deiner Crew und deinem Koch. Du warst nicht in bester Verfassung – aber du hast uns einen unschätzbaren Dienst erwiesen, und wir werden stets voller Dankbarkeit an dich und deine Offiziere und deine Besatzung zurückdenken.

Wer diese Geschichte gelesen hat, muss sich gewundert haben, dass wir alle Gefahren und Nöte ohne Verlust an Menschenleben überstanden. Sir Ernest vertraute fest darauf, dass das Schicksal uns leitete, er glaubte an sich selbst und an seine Männer. Seine Unerschütterlichkeit übertrug sich auf seine Mannschaft und machte sie unbesiegbar.

Dass wir die Ziele der Expedition nicht verwirklichen konnten, war weder dem Leiter noch seinen Mannschaftskameraden anzulasten. An der Spitze des Weddell-Meeres hatten die widrigen Umstände eine Barriere errichtet, die Menschen nicht überwinden konnten. Wenn es uns möglich gewesen wäre, dort wie geplant unser Lager aufzuschlagen, hätten wir die ehrgeizigen Pläne der Expedition erfolgreich in die Tat umgesetzt. Die Mannschaft aus Weddells ›weißer Hölle‹ herauszuholen war jedoch eine weit größere Leistung, und zwar eine, die trotz legendärer Taten bei der Erforschung der Meere nie übertroffen worden ist. Ein paar Proben und wissenschaftliche Aufzeichnungen, der Kasten mit den Negativen und den kinematografischen Filmen – das war alles, was wir aus der Antarktis mitbrachten, in die wir zwei Jahre zuvor eingedrungen waren mit großen Erwartungen und einem stattlichen Schiff. Das war alles an greifbaren Gütern; aber an Erinnerungen waren wir reich. Wir hatten die Schranke zu den Dingen durchstoßen, die außerhalb menschlicher Reichweite lagen.

Wir hatten gelitten, gehungert und doch triumphiert, hatten am Boden liegend noch nach dem Ruhm gegriffen, waren an der Größe des Großen gewachsen.
Wir hatten die Herrlichkeit Gottes geschaut, den Text im Buch der Natur gelesen. Wir hatten die nackte Seele des Menschen geschaut.